起きてから寝るまで英語表現700

完全改訂版

1日の「体の動き」
「心のつぶやき」を
全部英語で言う
➡会話力がみるみるアップ！

監修：吉田研作
執筆／解説：荒井貴和・武藤克彦

Preface

●時代の変化にこたえた新しい「起き寝る」の誕生

『起きてから寝るまで表現550』が初めて出版されてから20年の月日が過ぎた。そして、その間に、世の中は、目まぐるしい勢いで変化してきた。当然、20年前には、まだ今のような携帯やインターネット中心の生活はなかった。通勤にスイカやイコカ、パスモなどのプリペイドカードを使うこともなかった。

世の中が変われば、それに見合った言語生活が生まれるので、本書のように英語の運用能力の上達を目指したものは、その変化に応じて扱う内容や表現を変えていかなければならない。今回の改訂は、そのことを考慮したもので、単なる改訂というよりは、新たに書き下ろしたものだと言っても過言ではない。フレーズ数を増やし、現代社会で必要とされる表現を数多く取り入れた。

●本書の表現の枠組みを利用して発信力・表現力を伸ばす

しかし、内容や表現は変わったものの、「起き寝る」の基本的な考え方は、変わっていない。一人でできる英会話、という考え方を基本に、われわれが普段考えたり感じたりすることを言葉にし、ひとりごととして練習する、という方法が取られている。われわれの日常生活を表現するには、次の4つの領域にまたがる表現が使えるようになるとよい。

1) 行動表現（I make breakfast.）
2) 置かれた状況の説明（The weather doesn't look too good.）
3) 気持ち（I feel terrible when I skip breakfast.）
4) 考え・感じたこと（Should I take my umbrella to work today?）。
このように、行動、状況の記述、気持ち、考えや思い、という4つの領域

はじめに

で自己表現ができれば、スピーキング力の基礎はかなりできるだろう。ただ、本書に載っている表現は、多くの人が共通に経験するであろう日常の状況等を基にしているので、必ずしも、一人ひとりの実際の経験を網羅しているわけではない。大切なのは、本書で紹介された表現の枠組みを、読者の個別の体験の参考にすることである。例えば、上記の I make breakfast. を「コーヒーを入れる」に変えると、I make coffee. となるし、味噌汁を食べる人なら、I make miso soup. とすればよい。The weather doesn't look too good. は、天気が悪い時に使うが、良ければ、The weather looks good. となるし、交通渋滞に巻き込まれたら、The traffic doesn't look good. とすればよい。また、I feel terrible when I skip breakfast. を二日酔いに当てはめると、I feel terrible when I have too much to drink. と言えるだろうし、逆に、早寝すると気分が良い、というのなら、I feel great when I go to bed early. と言えるだろう。最後に、Should I take my umbrella to work today? と、迷っている時の表現は、時間がないのでタクシーに乗ろうかどうか迷っている場合に、Should I take the taxi? などと言い換えられる。

「起きてから寝るまで表現」は、元々フランソワ・グワンが19世紀に開発した教授法を発展させたものだが、英語を自分自身の行動、感情、思い等を表す道具として使うことにより、英語による発信力・表現力を伸ばすことを目的としている。

本書を参考に、どんどん自分のことを英語で表現してみよう。

2009年4月　上智大学外国語学部英語学科教授　吉田研作

Contents
目次

はじめに	P.2
本書の構成と使い方	P.6
付属CDの使い方	P.10

chapter 1 朝 In the Morning
単語編／体の動き／つぶやき表現／ Skit ／ Quick Check　**P.11**

chapter 2 通勤 Commuting
単語編／体の動き／つぶやき表現／ Skit ／ Quick Check　**P.39**

chapter 3 家事 Housework
単語編／体の動き／つぶやき表現／ Skit ／ Quick Check　**P.63**

chapter 4 オフィスで仕事 Working at the Office
単語編／体の動き／つぶやき表現／ Skit ／ Quick Check　**P.93**

chapter 5 ITライフ The IT Life
単語編／体の動き／つぶやき表現／ Skit ／ Quick Check
ブログにまつわる表現集　**P.119**

chapter 6 家でくつろぐ Relaxing at Home
単語編／体の動き／つぶやき表現／ Skit ／ Quick Check　**P.149**

chapter 7 休日の外出 Going Out on a Day Off
単語編／体の動き／つぶやき表現／ Skit ／ Quick Check　**P.167**

chapter 8 外　食 Eating Out
単語編／体の動き／つぶやき表現／ Skit ／ Quick Check　**P.193**

chapter 9 健康・ダイエット Health & Diet
単語編／体の動き／つぶやき表現／ Skit ／ Quick Check　**P.223**

chapter 10 夜 At Night
単語編／体の動き／つぶやき表現／ Skit ／ Quick Check　**P.249**

Column
1. 映画やドラマを使ってオリジナル表現集を作る　P.201
2. フレーズを使って会話をうまく進める練習　P.257

本書の構成と使い方
How to Use This Book

本書全体の構成と使い方

■朝起きてから寝るまでの一日の一般的な生活シーンを10章に分けています。
■それぞれの章は、「単語編」「体の動き」「つぶやき表現」「Skit（ダイアログ）」「Quick Check（クイズ）」に分かれています。
■生活シーンについては、自分が興味を持ったところ、自分の立場や自分が今いる場所と近いところから見ていくのもよいでしょう。
■本書で身の回りのことをなんでも英語で表現できるように「つぶやき練習」を繰り返すことで、スピーキング力を高めることができるのです。

各章の構成と使い方

［単語編］

■ここでは、各シーンに関連する身の回りのものを表す単語をイラストとともに掲載しています。単語のほとんどが後に続く「体の動き」「つぶやき表現」の例文や解説に出てくるものです。

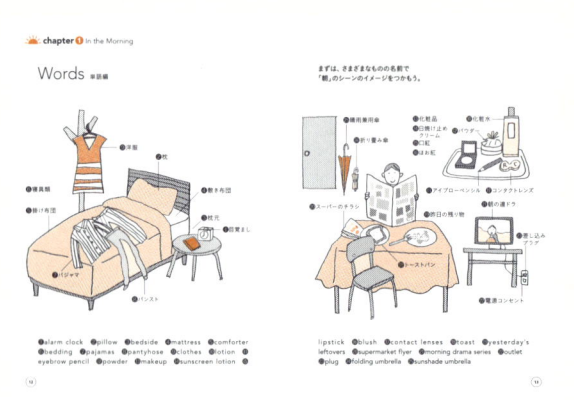

※まず、イラスト内の日本語を英語にできるかどうか試してみましょう。解答は下の欄に載っています。この単語編で、その章のイメージをつかみ、さまざまな英語表現に取り組む前のウォームアップをしましょう。

[体の動き]

■ここでは、それぞれのシーンについて、毎日言葉にすることもなく、無意識に行っている行動・行為の数々を英語で表しています。これらの表現の多くは、一見簡単でいてなかなか英語で言えないものです。毎日繰り返されるこういった行動表現を、一つ一つ聞いたり、口に出したりしながら何度も練習し、自分のものにしていきましょう。

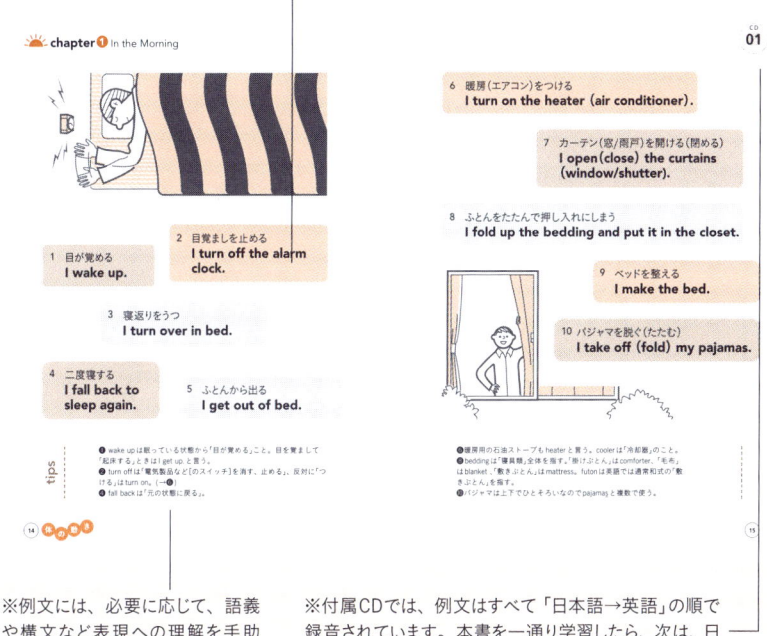

chapter ① In the Morning

1　目が覚める
I wake up.

2　目覚ましを止める
I turn off the alarm clock.

3　寝返りをうつ
I turn over in bed.

4　二度寝する
I fall back to sleep again.

5　ふとんから出る
I get out of bed.

6　暖房（エアコン）をつける
I turn on the heater (air conditioner).

7　カーテン（窓/雨戸）を開ける（閉める）
I open (close) the curtains (window/shutter).

8　ふとんをたたんで押し入れにしまう
I fold up the bedding and put it in the closet.

9　ベッドを整える
I make the bed.

10　パジャマを脱ぐ（たたむ）
I take off (fold) my pajamas.

tips
● wake up は眠っているけど整から「目が覚める」こと。目を覚まして「起床する」ときは I get up と言う。
● turn off は「電気製品など(のスイッチ)を消す、止める」、反対に「つける」は turn on。(→⑥)
● fall back は「元の状態に戻る」。

● 暖房用の石油ストーブも heater と言う。cooler は「冷却器」のこと。
● bedding は「寝具類」全体を指す。「掛けぶとん」は comforter、「毛布」は blanket、「敷きぶとん」は mattress。futon は英語では通常和式の「敷きぶとん」を指す。
● パジャマは上下でひとそろいなので pajamas と複数で使う。

※例文には、必要に応じて、語義や構文など表現への理解を手助けするための解説がついています。

※付属CDでは、例文はすべて「日本語→英語」の順で録音されています。本書を一通り学習したら、次は、日本語を聞いてすぐ英語にする練習をしてみてください。

さらにフレーズを記憶に定着させるには？

本CDに収録されている例文やダイアログを使って、シャドーイング練習してみましょう。シャドーイングは、CDの音声を聞きながら耳でとらえたことをすぐ口で言う練習です。発音、リズム、イントネーションもそっくりまねると効果的です。最初はなかなかCDのスピードについていけないかもしれませんが、繰り返し練習するうちに、スムースに口に出せるようになり、そのころには、単語・表現は、すっかり自分のものとして身に付いているでしょう。

［つぶやき表現］

■「体の動き」では、実際に外に現れる行動・行為の世界を言葉にしますが、ここでは、心や頭の中の「内面」の世界を扱います。行動する前、している最中、あるいはした後に、頭や心の中で考え、思っていることをどのような表現にするかを表しています。こういった「自分を中心とした内面世界の言語化」、つまりひとりごとの表現は、通り一遍の会話表現よりもさらに豊かで楽しいものになるでしょう。

※「つぶやき表現」の中には、自分の気持ちを表す便利な表現としてそのまま他人との会話の中で使えるものもかなり入っていますが、まずは、ひとりごととして練習するようにしましょう。

※付属CDでは、例文はすべて「日本語→英語」の順で録音されています。本書を一通り学習したら、次は、日本語を聞いてすぐ英語にする練習をしてみてください。

chapter ❶ In the Morning

1　目覚まし5個もかけたのに〜。
I set five alarm clocks, but it didn't work.

set an alarm clock = 目覚まし時計をかける
目覚ましをかけたのに「無駄だった」は ... but it was useless.「目覚ましに気付かずに寝過ごした」は I slept through the alarm.「かけ忘れた」は I forgot to set the alarm clock. とも言える。

2　あ〜、よかった！　寝過ごすところだった！
Thank goodness! I almost overslept.

Thank goodness! = ありがたい、よかった／almost 〜 = もう少しで〜しそうになって／overslept < oversleep = 寝過ごす
goodness は God（神）の婉曲表現。Thank God! とも言えるが、むやみに God という単語は使わない方がよい。

3　あと5分だけ、寝る。
I'll sleep for just five more minutes.

sleep for 〜 minutes(hours) = 〜分（時間）眠る／just = 〜だけ
「あと5分で起きよう」なら I'll wake up in five minutes.「もしあと5分早起きできれば、〜」は If I could get up five minutes earlier, 〜.

4　ここで二度寝したら、きっとアウトだな……。
If I go back to sleep now, I won't be able to wake up on time...

go back to sleep (=fall back to sleep) = 二度寝する／on time = 時間通りに
cf. in time = 間に合って
If I went back to sleep now, I wouldn't be able to wake up on time. と仮定法を使っても言い表せる。

5　ああ！　いいところで目が覚めちゃった！
Oh! I was having such a wonderful dream when I woke up!

have/dream a dream = 夢を見る cf. have a bad(terrible/strange) dream=悪い(恐ろしい/奇妙な)夢を見る／such a 〜 = とても〜な
wake up は「目が覚める」、そのとき「〜しているところだった」ので、I was having 〜 と進行形が使われている。

6　会社に遅れるって電話しなきゃ。
I have to call the office and tell them I'm going to be late.

call = 〜に電話する／the office = 会社／be late = 遅刻する
「仕事に遅刻する」は I'm late for work.。反対に「間に合った」は I made it!、「会社にぎりぎり間に合って着いた」は I arrived at the office just in time.

※見出しの英文と和文は、必ずしも直訳の関係ではありません。こんな気持ちを英語らしく言おうとするとどういう表現になるのか、という例として挙げられています。

※それぞれの例文には、表現への理解を手助けするための解説がついています。語義や構文を理解し、さらに発展的な語彙や表現を身に付けることができます。

[Skit]

■各章に出てきた表現を使った会話形式のストーリーです。実際の会話の流れの中で、学習した表現がどのように使われるのかを具体的に把握できます。表現を使いこなすための実践編として、登場人物になったつもりで繰り返し練習しましょう。

※「体の動き」「つぶやき表現」に出てきた英語表現は茶色になっています。

[Quick Check]

主に、各章に出てきたけれどもSkitには使われなかったフレーズを使ったクイズです。日本語の意味になるように、英文を完成させる形式となっています。分からなかったフレーズは、該当ページに戻って復習しましょう。

[本書の表記について]

本書は、特に記述のない限り、アメリカ英語の表記・音声を収録しています。そのほか、記号については下記を参照してください。

cf.	以下を参照のこと
e.g.	以下は例文
___/___	スラッシュの前後の下線部は入れ替えても同じ意味
[　]	[　]内の語句を付け足してもよい
(　)	(　)内の語句に替えてもよい(意味は異なる)
<　>	<　>内は状況説明

付属CDの使い方　Directions for the CD

■本文CDマークでトラック番号を確認
本書にはCDが1枚付いています。音声を聞くときは、各項目の最初に掲載されているCDトラックの番号をCDプレーヤーで呼び出してご利用ください。

■CDトラックマーク

CD 01　各項目の冒頭のこのマークに付いている数字は、付属CDのトラック番号に対応しています。

■収録内容
体の動き
つぶやき表現
Skit

■収録分数
74分

■収録言語
日本語　英語
→すべてのフレーズが日本語と英語で収録されています。フレーズを一通り理解した後には、日本語を聞いたらすぐに英語が口を突いて出てくるようになるまで繰り返し練習しましょう。

■トラック表

章	ページ	トラック	章	ページ	トラック
Chapter 1	014-037	**01-03**	Chapter 6	152-165	**16-18**
Chapter 2	042-061	**04-06**	Chapter 7	170-191	**19-21**
Chapter 3	066-091	**07-09**	Chapter 8	196-221	**22-24**
Chapter 4	096-117	**10-12**	Chapter 9	226-247	**25-27**
Chapter 5	122-147	**13-15**	Chapter 10	252-273	**28-30**

※CD取り扱い注意
●弊社制作の音声CDは、CDプレーヤーでの再生を保証する規格品です。
●パソコンでご使用になる場合、CD-ROMドライブとの相性により、ディスクを再生できない場合がございます。ご了承ください。
●パソコンでタイトル・トラック情報を開示させたい場合は、iTunesをご利用ください。iTunesでは、弊社がCDのタイトル・トラック情報を登録しているGracenote社のCDDB(データベース)からインターネットを介してトラック情報を取得することができます。
●CDとして正常に音声が再生できるディスクからパソコンやmp3プレーヤー等への取り込み時にトラブルが生じた際は、まず、そのアプリケーション(ソフト)、プレーヤーの製作元へご相談ください。

chapter 1　In the Morning

朝

何かとあわただしい朝。
ふとんから起き出して
身支度したり朝食をとったり──
ゆっくり言葉を交わす暇はあまりないけれど、
やるべきことは多いし、
一日の始まりに思うことも多いものです。

chapter 1 In the Morning

Words 単語編

- ❾ 洋服
- ❷ 枕
- ❻ 寝具類
- ❹ 敷き布団
- ❺ 掛け布団
- ❸ 枕元
- ❶ 目覚まし
- ❼ パジャマ
- ❽ パンスト

❶ alarm clock ❷ pillow ❸ bedside ❹ mattress ❺ comforter ❻ bedding ❼ pajamas ❽ pantyhose ❾ clothes ❿ lotion ⓫ eyebrow pencil ⓬ powder ⓭ makeup ⓮ sunscreen lotion ⓯

まずは、さまざまなものの名前で
「朝」のシーンのイメージをつかもう。

❿化粧水
⓫アイブローペンシル
⓬パウダー
⓭化粧品
⓮日焼け止めクリーム
⓯口紅
⓰ほお紅
⓱コンタクトレンズ
⓲トーストパン
⓳昨日の残り物
⓴スーパーのチラシ
㉑朝の連ドラ
㉒電源コンセント
㉓差し込みプラグ
㉔折り畳み傘
㉕晴雨兼用傘

⓯lipstick ⓰blush ⓱contact lenses ⓲toast ⓳yesterday's leftovers ⓴supermarket flyer ㉑morning drama series ㉒outlet ㉓plug ㉔folding umbrella ㉕sunshade umbrella

13

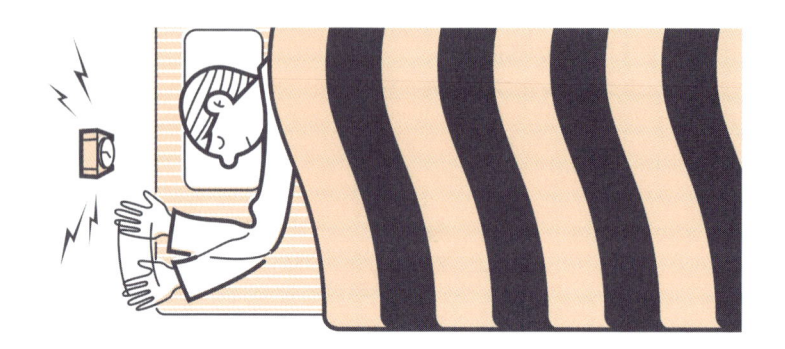

chapter ❶ In the Morning

1　目が覚める
I wake up.

2　目覚ましを止める
I turn off the alarm clock.

3　寝返りをうつ
I turn over in bed.

4　二度寝する
I fall back to sleep again.

5　ふとんから出る
I get out of bed.

tips

❶ wake up は眠っている状態から「目が覚める」こと。目を覚まして「起床する」ときはI get up. と言う。
❷ turn off は「電気製品など[のスイッチ]を消す、止める」、反対に「つける」はturn on。(→❻)
❹ fall back は「元の状態に戻る」。

体の動き

6 暖房(エアコン)をつける
I turn on the heater (air conditioner).

7 カーテン(窓/雨戸)を開ける(閉める)
I open (close) the curtains (window/shutter).

8 ふとんをたたんで押し入れにしまう
I fold up the bedding and put it in the closet.

9 ベッドを整える
I make the bed.

10 パジャマを脱ぐ(たたむ)
I take off (fold) my pajamas.

❻暖房用の石油ストーブも heater と言う。cooler は「冷却器」のこと。
❽bedding は「寝具類」全体を指す。「掛けぶとん」は comforter、「毛布」は blanket、「敷きぶとん」は mattress。futon は英語では通常和式の「敷きぶとん」を指す。
❿パジャマは上下でひとそろいなので pajamas と複数で使う。

chapter ❶ In the Morning

11 トイレに行く
I go to the bathroom.

12 トイレの水を流す
I flush the toilet.

13 手を洗う
I wash my hands.

14 手をふく
I dry my hands.

15 水道の蛇口を開ける（閉める）
I turn the faucet on (off).

tips

⓫ bathroom は「浴室」「トイレ」両方を指す。go to the bathroom で「トイレに行く」という意味になる。
⓬ flush は「水を勢いよく流す」。
⓭「手を洗う」場合、通常両手なので hand<u>s</u> と複数になる。
⓮「顔をタオルでふく」は <u>dry</u>/<u>wipe</u> one's face with a towel。

16 歯を磨く
I brush my teeth.

17 口をすすぐ
I rinse out my mouth.

18 うがいをする
I gargle.

19 洗面台の取り合いをする
I fight over using the wash basin first.

20 シャワーを浴びる
I take a shower.

⓯水道の「蛇口」はtapとも言う。蛇口の開け閉めはturn on/offを使う。「水を出す(止める)」はturn on(off) the water、「蛇口をひねる」はrun a faucet。
⓳fight over~は「~のことで争う」。「鏡付洗面台」はbathroom vanity、「洗面道具」は複数形でtoiletriesと言う。

chapter ❶ In the Morning

21 ひげをそる
I shave.

22 鼻をかむ
I blow my nose.

23 化粧水をつける
I put on some lotion.

24 寝癖を直す
I smooth down my messy hair.

25 髪をセットする
I do my hair.

tips

㉓「化粧する」は <u>put on</u>/<u>wear</u> makeup と言う。「化粧下地」は makeup base、「日焼け止めクリーム」は <u>sun block</u> / <u>sunscreen lotion</u>、「パウダー」は powder、「ほお紅」は blush 、「口紅」は lipstick。
㉔ messy は髪が「ぼさぼさになっている」状態。
㉕「髪をセットする」は fix one's hairdo でもよい。「髪をとかす」は

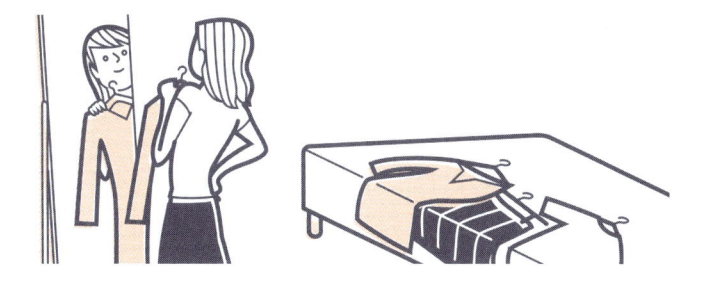

26 今日の予定に合わせて服を選ぶ
I choose my clothes according to my schedule.

27 シャツを着る（ズボン/スカートをはく）
I put on my shirt (pants/skirt).

28 子どもに服を着せる
I dress my child.

29 新聞を取りに行く
I go get the newspaper.

30 花に水やりをする
I water the flowers.

---

brush/comb one's hair、「ブローして乾かす」は blow-dry one's hair。
㉖「予定に合わせて」は based on my plans と言ってもよい。
㉗身に着けるもの —— hat（帽子）、shoes（靴）、glasses（眼鏡）、contact lenses（コンタクト）、watch（時計）なども put on で OK。
㉘ dress は他動詞で「～に服を着せる」。

chapter ① In the Morning

31 お湯をわかす
I boil some water.

32 コーヒーを入れる
I make coffee.

33 トースターでパンを焼く
I make toast.

34 冷蔵庫から牛乳を取り出す
I get the milk out of the refrigerator.

35 ラジオ（テレビ）をつける
I turn on the radio (TV).

tips

㉛英語では冷水も湯も water なので、「お湯」は hot water になる。
㉜「コーヒーを入れる」は brew coffee とも言える。「カップに注ぐ」は pour some coffee in a/the cup。
㉝「パンをトーストする」は toast some bread でもよい。
㉞「冷蔵庫」は会話ではしばしば fridge と略される。

36 ラジオの語学講座を聞く
I listen to a foreign language course [on the radio].

37 朝の連ドラを見る
I watch a morning drama series.

38 占いをテレビでチェックする
I check my fortune on TV.

39 テレビ番組の録画予約をする
I set the [VCR] timer to record a TV program.

40 スーパーのチラシをチェックする
I check the supermarket flyers.

- ㊲「連続ドラマ」は serial drama とも言う。
- ㊳ fortune は「運勢」。「占い」は fortune-telling。「天気予報(交通情報)をチェックする」は check the weather(traffic) report on TV.
- ㊴ VCR は videocassette recorder の略で「ビデオデッキ」のこと。
- ㊵ flyer(チラシ)は flier というつづりもある。

chapter 1 In the Morning

41 猫(犬)に餌をやる
I feed the cat(dog).

42 犬の散歩に行く
I take my dog for a walk.

43 電気を消す(つける)
I switch off(on) the light.

44 コンセントを抜く
I unplug the cord.

45 ドアを閉めて鍵をかける
I close the door and lock it.

tips

㊶ feedは「〜にエサを与える」。「エサ」はfood。
㊷ take〜 for a walk は「〜を散歩に連れて行く」。
㊸「消す(つける)」はturn off(on)でもよい。(→❷)
㊹ コンセントは和製英語なので注意。壁などにある電源コンセント（差し込み口）はoutlet、電気製品に付いているコンセントはplug。

46 戸締まりをする
I check the lock.

47 駅まで夫(子ども)を車で送る
I give my husband(child) a ride to the station.

㊻「鍵が掛かっているか確認する」はI make sure the door is locked.
㊼「(人を)〜まで車で送る」はdrive(人)to〜とも言う。「歩いて送る」場合はwalk(人)to〜となる。「(人を)見送る」はsee(人)off。

chapter ❶ In the Morning

1 目覚まし5個もかけたのに〜。
I set five alarm clocks, but it didn't work.

2 あ〜、よかった！　寝過ごすところだった！
Thank goodness! I almost overslept.

3 あと5分だけ、寝る。
I'll sleep for just five more minutes.

4 ここで二度寝したら、きっとアウトだな……。
If I go back to sleep now, I won't be able to wake up on time...

5 ああ！　いいところで目が覚めちゃった！
Oh! I was having such a wonderful dream when I woke up!

6 会社に遅れるって電話しなきゃ。
I have to call the office and tell them I'm going to be late.

set an alarm clock = 目覚まし時計をかける

目覚ましをかけたけど「無駄だった」は ... but it was useless.「目覚ましに気付かずに寝過ごした」は I slept through the alarm.、「かけ忘れた」は I forgot to set the alarm clock. とも言える。

Thank goodness! = ありがたい、助かった／almost ~ = もう少しで～しそうになって／overslept < oversleep = 寝過ごす

goodness は God（神）の婉曲表現。Thank God! とも言えるが、むやみに God という単語は使わない方がよい。

---

sleep for ~ minutes(hours) = ～分（時間）眠る／just = ～だけ

「あと5分で起きよう」なら I'll wake up in five minutes.、「もしあと5分早起きできれば、～」は If I could get up five minutes earlier, ~.

---

go back to sleep(=fall back to sleep) = 二度寝する／on time = 時間通りに cf. in time = 間に合って

If I <u>went</u> back to sleep now, I <u>wouldn't</u> be able to wake up on time. と仮定法を使っても言い表せる。

<u>**have**</u>**/**<u>**dream**</u> **a dream = 夢を見る** cf. have a bad(terrible/strange) dream＝悪い(恐ろしい/奇妙な)夢を見る**／such a ~ = とても～な**

wake up は「目が覚める」、そのとき「～しているところだった」ので、I was having ~ と進行形が使われている。

---

call = ～に電話する／the office = 会社／be late = 遅刻する

「仕事に遅刻する」は I'm late for work.。反対に「間に合った！」は I made it!、「会社にぎりぎり間に合って着いた」は I arrived at the office just in time。

chapter ① In the Morning

7 ＜起こしても起きない家族に＞もう[仕事(学校)に]遅刻しても知らないからね。
＜To a family member who won't wake up＞Don't blame me if you are late [for work(school)].

8 曇りだと気分も晴れないなあ。
I feel down when it's cloudy.

9 二日酔いがひどいなあ。
I have a terrible hangover.

10 夕べ送ったメールの返事が来てない。
I didn't get a reply to the e-mail I sent last night.

11 う、のどがいがらっぽい。風邪ひいたかな。
Ugh, my throat feels sore. I think I've caught a cold.

12 ＜冬になると＞だんだん起きるのがつらくなってきた。
＜In the winter＞It's getting harder to get out of bed in the morning.

blame = 〜のせいにする cf. Don't blame me if 〜 .=〜しても知らないからね

「遅刻しても知らないよ！」は It's none of my business if you are late! とも言える。「どうして起こしてくれなかったの？」は Why didn't you wake me up?。

---

feel down(=feel low) = 落ち込む cf. feel gloomy=憂鬱になる、気がめいる／**cloudy = 曇った**

「雨が降っている」なら it's <u>rainy</u>/<u>raining</u>.。逆に「天気がいいと元気が出る」は I feel <u>uplifted</u>/<u>cheerful</u> when it's clear and sunny.

---

terrible = ひどい／hangover = 二日酔い

「昨晩は飲み過ぎた」は I drank too much last night.、「酔っぱらい」は drunk、「[ひどく(ベロベロに)] 酔っぱらう」は get [very(hopelessly)] drunk。

---

reply = 返事

「返事がなかった」は I got no reply. と言ってもよい。「メールを受け取る」は <u>get</u>/<u>receive</u> an e-mail、「私にメールを送ってね」は <u>E-mail me</u>. / <u>Send me an e-mail</u>. と言えばよい。

Ugh = うー、うわあ／sore = 痛い、ひりひりする cf. I have a sore throat.=のどが痛い／**caught a cold<catch a cold = 風邪をひく**

「のどがちくちくする」なら My throat feels itchy.、「くしゃみ [をする]」は sneeze、「鼻水が出る」は have a runny nose、「鼻づまりだ」は have a stuffy nose。

---

get hard = 難しくなる／get out of bed = ベッドから出る

get out of bed の代わりに get up でもよい。理由を言うなら ... because it's getting colder（寒くなってきたので…）などを最後に付け加える。

chapter ❶ In the Morning

13 着ていく服が決まらない！
I can't decide what to wear!

14 この前買った服、今日おろしちゃおうかな。
Maybe I will wear these brand-new clothes that I bought the other day.

15 今日はクライアントと打ち合わせがあるから、きちんとした格好でいかないと。
I have a meeting with the clients today, so I have to dress neatly.

16 今朝は、ヘアスタイルがきまらない。
My hair doesn't look very nice today.

17 焦ってはいたらストッキングが伝線しちゃったよ〜。
I put on a pair of stockings in a hurry and made a run in them.

18 ネクタイがうまく結べない。
I can't tie my necktie neatly.

decide = 決める／what to ~ = 何を〜べきか

「何を着ていこう？」は What should I wear?、「明日着ていく服を選ぶ」は I pick out my clothes for tomorrow.、「ほかに着る服がないわ！」は I can't find anything else to wear!。

---

maybe ~ = するといいかも／brand-new = 新品／bought<buy = 買う／the other day = 先日、この前

「真新しいワンピース（スーツ / ジャケット / ブラウス）」this brand-new dress(suit/jacket/blouse) のように具体的に言ってもよい。

---

client = 顧客、クライアント／dress = 服を着る／neatly = きちんと

dress properly（[場面に] ふさわしい格好をする）でもよい。「スーツとネクタイを着用する」は wear a suit and tie、「おしゃれする」は get all dressed up、「ラフな服装をする」は dress casually。

---

my hair = 私の髪[型]／look nice (=look good) = いい感じに見える

「ヘアスタイルを直す」は <u>do</u>/<u>fix</u> one's hair。なお good hair day（髪型が決まる日）には「何もかもうまくいく日」という意味がある。

---

stockings = ストッキング cf. pantyhose=パンスト／in a hurry = 急いで／run = 伝線

ストッキングは 2 本対なので複数扱い、a pair of~ で「一足の〜」。例文は There is a run in my stockings, because I put them on in such a rush. とも言える。

---

tie = 結ぶ／necktie = ネクタイ（tieと言う方が普通）／neatly = きちんと cf. nicely=うまく、ちゃんと

ネクタイを「締める」は <u>put on</u> / <u>wear</u> a tie、「真っすぐにする」は straighten one's tie、「ゆるめる」は loosen up one's tie 、「外す」は take off one's tie。

chapter ❶ In the Morning

19 今朝はメークのノリがいいわあ。
The makeup is going on my face really well this morning.

20 あー、まゆ毛がうまく描けない！
Gee, I just can't get this eyebrow pencil right today!

21 コンタクトがなかなか入らない。
I'm having trouble putting in my contact lenses.

22 水が冷たく(ぬるく)なった。
The water has gotten cold(warm).

23 花粉症対策を忘れずに。
I mustn't forget to guard against hay fever.

24 朝食は昨日の残り物でいいや。
I'll just have yesterday's leftovers for breakfast.

makeup = 化粧(品)、メーキャップ／go = おさまる、乗る

「化粧する」は <u>wear</u> / <u>put on</u> makeup、「化粧を直す」は fix makeup、「薄化粧をする」は wear a touch of makeup と言える。

---

eyebrow pencil = アイブローペンシル、ペンシル型まゆずみ／eyebrow = まゆ毛 cf. eyelashes=まつげ

「まゆ毛を描く」は pencil in one's eyebrows とも言う。「アイブローペンシルを使う」なら use an eyebrow pencil。

---

have trouble -ing = 〜するのに苦労する／contact lens = コンタクトレンズ(複数でlenses。省略してcontact[s]とも)

「コンタクトをはめる(外す)」は put on (put out) one's contact lenses、「コンタクトをつけている」は wear <u>contacts</u> / <u>contact lenses</u>。

---

has gotten cold は完了形で「水が冷たくなった」状態を表す。「だんだん冷たく(ぬるく)なってきた」なら進行形で The water is getting cold(warm). と言う。「空気が冷たく(温かく)なってきた」なら The air is getting cold(warm).。

---

guard against 〜 = 〜に対して用心する cf. take precautions against〜=〜の予防策を取る**／hay fever(=pollen allergy) = 花粉症**

「花粉症の季節」は hay fever season、「花粉症だ」は I have hay fever.、「花粉症で苦しむ」は I suffer from hay fever.。

---

leftovers = [料理の]残り物(通常複数)／have 〜 for breakfast = 〜を朝食に食べる

「残り物を温める」は heat leftovers、「残り物を冷蔵庫にしまう」は put the leftovers in the refrigerator、「残り物で何か作る」は make something with the leftovers。

chapter 1 In the Morning

25 朝食を抜くと調子が出ない。
I feel terrible when I skip breakfast.

---

26 トースト焦げちゃった!
I burned the toast!

---

27 今日って新聞休刊日だっけ?
Aren't there any newspapers today?

---

28 ＜テレビの占いで＞ラッキー! 今日は牡牛座（私の星座）が1位だ!
<On TV fortune-telling>Lucky me! Taurus (My sign) is the luckiest star sign today!

---

29 今日の予報は当たるかなあ?
I wonder if the weather forecast is accurate today.

---

30 折り畳み傘を持って行った方がいいかなあ?
Should I bring a folding umbrella?

feel terrible = 調子が良くない、ひどい気分だ cf. feel bad=気分が悪い／**skip** = 〜を抜く

「明るい気分でない」は I don't feel very cheerful. でも。「朝食をとる」は <u>have/eat</u> breakfast、「朝食抜きで仕事に行く」は go to work without breakfast。

---

burn = 〜を焦がす／**toast** = トーストパン cf. 動詞で「トーストする、あぶる」。

「トーストを焼く」は make <u>toast</u> ／ <u>toast bread</u>。make <u>a</u> toast だと「乾杯する」なので注意。「トースト1枚」は a <u>piece</u>/<u>slice</u> of toast。「トーストにバターを塗る」は <u>butter toast</u> / <u>spread butter on toast</u>。

---

newspaper(=paper) = 新聞

直訳すると「今日は新聞はないの？」。「新聞を配達する」は deliver newspapers、「新聞を購読する」は take a newspaper。「休刊日」は訳すとすれば newspaper holiday だがあまり一般的ではない。

Lucky me! = ついてる！、やったー！ cf. Lucky you!=良かったね、ついていたね／**Taurus** = 牡牛座（12の星座のひとつ）

「星占い」は <u>horoscope</u>/<u>astrology</u>、「星座」は [star] sign、
「星占い／占いを信じる」は believe in <u>horoscopes</u>/<u>fortune-telling</u> と言う。

I wonder if 〜 = 〜かどうかと思う／**weather forecast** = 天気予報／**accurate** = 正確な、正しい

prove right（的中する）を使って Will the forecast prove right today? とも言える。「予報が当たった（外れた）」は The weather forecast was right(wrong).。

---

bring = 〜を持って行く／**folding** = 折りたたみ式の／**umbrella** = 傘
cf. parasol=日傘／sunshade umbrella=晴雨兼用傘

「傘をさす」は <u>open</u> / <u>put up</u> an umbrella、「傘をたたむ」は <u>close</u>/<u>fold</u> an umbrella。

chapter 1 In the Morning

31 今日は一本早い電車に乗ってみよう。
I'll take an earlier train than usual today.

32 テレビが面白すぎて家を出られない。
This TV program is so amusing that I cannot leave home.

earlier =（時間的に）前の、先の cf. earlier than usual=いつもより早い／**take a train = 電車に乗る** cf. take a subway(bus)=地下鉄（バス）に乗る

catch the train で「列車に［飛び］乗る、間に合う」、反対に「［いつもの］電車に乗り遅れる」は miss one's [usual] train。

---

so ~ that ... = とても～なので……／amusing = 面白い、楽しい cf. funny=おかしな、ユーモアのある

「番組が面白くて外出できない」は I can't go out because this program is so funny. と言ってもよい。「テレビに釘づけ／夢中になる」は I'm glued to the TV.。

Skit 朝編

バタバタ母さんとナマイキ息子の"仁義なき朝"

Son: **Mom, hurry up①.** I have to eat breakfast. I feel terrible when I skip breakfast.
Mom: Make yourself some toast. I'm having trouble putting in my contact lenses.
S: I don't want toast today.
M: **Then** just have yesterday's leftovers for breakfast. **You can microwave② the spaghetti.**
S: **Spaghetti for breakfast! Are you crazy, Mom?**
M: **Then have some cereal③.** Gee④, I just can't seem to get this eyebrow pencil right today.
S: **There is a run⑤ in your stockings.**
M: **Damn⑥.** I put them on in a rush⑦. I'll wear the new pants I bought the other day. **Then I won't need the stockings.**
S: **Fine. Just do it quickly.**
M: **Oh, I still have to** brush my teeth **and** make my bed.
S: **Nobody cares⑧ if you don't make your bed.**
M: **All right. Give me five more minutes and then** I'll drive you to the station.
S: **Hurry up, Mom! And** don't blame me if you're late for work!

息子：ママ、急いで！　朝ごはん食べなきゃ。朝食抜くと調子が悪いんだ。
母親：自分でパンでも焼いて。コンタクトがなかなか入らないのよ。
子：今日はトースト欲しくないよ。
母：じゃあ、昨日の残り物を朝ごはんにして。スパゲッティをチンできるでしょ。
子：朝ごはんにスパゲッティ？　本気なの、ママ？
母：じゃあ、シリアルかなんか食べなさいよ。もうっ！　今日はまゆ毛がうまく描けないわ。
子：ストッキングが伝線してるよ。
母：ああっ！　急いで履いたせいね。この間買った新しいパンツをおろすわ。それならストッキング要らないもんね。
子：いいんじゃない。とにかく早くして。
母：ああ、まだ歯を磨かなきゃいけないし、ベッドも整えなきゃ。
子：ベッドメークなんかしなくってもだれも構わないよ。
母：分かったわ。あと5分待ってくれたら駅まで車で送ってあげるから。
子：急いで、ママ！　仕事に遅れても知らないよ！

【語 注】

❶ hurry up: 急ぐ
❷ microwave: 電子レンジに〜をかける
❸ cereal: シリアル（コーンフレークやオートミールなど）
❹ Gee: ああ、ちぇっ（落胆やいら立ちを表す間投詞）
❺ run: ストッキングなどの伝線
❻ Damn.: しまった。、くそっ。(俗語)
❼ in a rush: 大急ぎで
❽ care: 気にする、構う

Quick Check

本章に出てきたフレーズを復習しましょう。以下の日本語の意味になるよう
英文を完成させてください。答えはページの下にあります。

❶ 二度寝する。 ➡P014
I ( ) ( ) to ( ) again.

❷ ふとんをたたんで押し入れにしまう。 ➡P015
I ( ) ( ) the ( ) and ( ) it ( ) the ( ).

❸ 口をすすぐ。 ➡P017
I ( ) ( ) my ( ).

❹ 寝癖を直す。 ➡P018
I ( ) ( ) my ( ) hair.

❺ コンセントを抜く。 ➡P022
I ( ) the ( ).

❻ あ〜、よかった！ 寝過ごすところだった！ ➡P024
( ) ( )! I almost ( ).

❼ ＜起こしても起きない家族に＞もう学校に遅刻しても知らないからね。 ➡P026
( ) ( ) me ( ) you are late for school.

❽ う、のどがいがらっぽい。風邪ひいたかな。 ➡P026
Ugh, my ( ) ( ) ( ). I think I've ( ) a ( ).

❾ 今朝はメークのノリがいいわあ。 ➡P030
The ( ) is ( ) ( ) my face really ( ) this morning.

❿ 今日の予報は当たるかなあ？ ➡P032
I ( ) ( ) the ( ) ( ) is ( ) today.

---

❶ fall/back/sleep ❷ fold/up/bedding/put/in/closet ❸ rinse/out/mouth ❹ smooth/down/messy ❺ unplug/cord ❻ Thank/goodness/overslept ❼ Don't/blame/if ❽ throat/feels/sore/caught/cold ❾ makeup/going/on/well ❿ wonder/if/weather/forecast/accurate

chapter 2 Commuting

通 勤

ここでは電車での通勤を取り上げました。
駅にたどり着き、電車を待って乗り込み、
目的地まで不特定多数の人々と同乗する——
繰り返される一連の流れの中には
ちょっとした人間ドラマも往々にして見られ
心のつぶやきも増すでしょう。

chapter ❷ Commuting

Words 単語編

❼乗車カード（スイカなど）
❻改札
❷信号
❸歩行者
❶横断歩道
❹地下道
❺駅
❽電車
⓬乗客
⓮各駅電車
⓯急行
⓰快速
⓱特急
⓲女性専用乗車
❾(人の)列
❿乗車位置
⓫ホーム
⓬乗客
⓭駅員

❶crosswalk ❷light ❸pedestrian ❹underpass ❺station ❻ticket gate ❼prepaid railway pass ❽train ❾line ❿boarding point ⓫platform ⓬passenger ⓭station employee ⓮local train

まずは、さまざまなものの名前で
「通勤」のシーンのイメージをつかもう。

⑲網棚
㉕優先席
㉖中吊り広告
⑳つり革
㉔手すり
㉑妊婦さん
㉒お年寄り
㉓中年の男性

⑮express ⑯rapid train ⑰special limited express ⑱women-only car ⑲rack ⑳strap ㉑pregnant woman ㉒elderly person ㉓middle-aged guy ㉔handrail ㉕priority seat ㉖hanging poster

chapter ❷ Commuting

1 横断歩道(陸橋)を渡る
I cross at the crosswalk(pedestrian overpass).

2 信号を待つ
I wait for the light to change.

3 信号を無視して道を渡る
I cross against the light.

4 ご近所さんにあいさつをする
I say hello to my neighbors.

5 駅まで走って息を切らす
I feel out of breath after running to the station.

tips

❶「地下道」はunderpassと言う。
❷「信号が青(赤)に変わる」はThe signal turns green(red). と表現する。
❹より親しい間柄ではsay hi to~とも表現できる。
❺「息切れする」はbe short of breathとも言う。
❻主に屋内の階段はstairs、屋外の階段はstepsと言う。

6　駅の階段を上る（下りる）
I climb up (go down) the stairs in the station.

7　乗車カード（スイカ）をタッチする
I touch the ticket gate with a prepaid railway pass (my SUICA).

8　自動改札で引っかかる
I get stopped by the automatic ticket gate.

9　スイカをチャージする
I top up my SUICA.

10　いつもと違う路線で行く
I take a different line than usual.

❼「改札」は ticket wicket とも言う。なお、JR東日本のプリペイドカード、SUICA は Super Urban Intelligent Card の略。
❾ プリペイドカードは top-up card とも言う。
❿ than usual で「いつもより」。

chapter ❷ Commuting

11 列に並んで電車を待つ
I stand in line and wait for the train.

12 電車に駆け込む
I run onto the train.

13 電車に乗る(降りる)
I get on(off) the train.

14 駅員に押し込まれる
I get pushed in by a station employee.

15 ホームに押し出されて乗れなくなる
I get shoved out onto the platform and cannot get back on.

tips

⓫イギリス英語ではstand in a queueと言う。
⓬「急いで降りる」はrush out of the train。
⓮「〜に押し込まれる」はget squeezed into〜とも言う。駅員はほかにstation staff、station crewなど。
⓯shove(発音に注意：[ʃʌv])は「〜を強く押す」の意味。「ホーム」は和製

16 網棚に鞄を乗せる
I put my bag on the rack.

17 すぐ降りそうな人の前に立つ
I stand in front of someone who looks likely to get off soon.

18 つり革につかまる
I hang onto the strap.

19 電車の中でうとうとする
I doze off on the train.

20 ＜急ブレーキなどで＞バランスを崩す
＜When the train suddenly brakes＞ I lose my balance.

英語。英語ではplatformと言う。
⓰「網棚に鞄を置き忘れる」ならleave my bag on the rack、「電車に鞄を忘れる」はforget my bag on the trainと表現することができる。
⓲「うとうとする」はdrop off、drift offとも言う。
⓴「バランスを保つ」はkeep balance。

chapter ❷ Commuting

21 人にぶつかる
I bump into someone.

22 人の足を踏む
I step on someone's foot.

23 満員電車で窒息(骨折)しそうになる
I nearly get suffocated (break a bone) on a packed train.

24 お年寄り(妊婦さん)に席を譲る
I give up my seat to an elderly person (a pregnant woman).

25 電車を乗り換える
I change trains.

tips
㉑ run into ~も同じ。
㉒ 意図的に強く踏みつける場合は stomp on ~。
㉓「込み合った電車」は crowded train または単に busy train と言うこともある。
㉔ elderly は old や aged（年取った）より丁寧な表現。

26 女性専用車乗車位置に移動する
I move to the spot where a women-only car stops.

27 改札口を出る
I go through the ticket gate.

㉕「乗り換える」には2つ以上の電車が必要なのでchange a trainではなくchange trainsと複数形になる。「〜線に乗り換える」はchange/transfer to 〜 lineと言う。
㉖「乗車位置」はboarding pointとも言う。

chapter ❷ Commuting

1. ここの踏み切りは、なかなか開かないなあ。
   This railroad crossing rarely opens.

2. 踏み切りが鳴ってる！ 渡れるか？！
   The crossing bell is ringing already! Can I make it?!

3. 急行は込んでるから、各駅で座って行こう。
   It's better to find a seat on a local train because that express is really crowded.

4. 鞄がドアにはさまっちゃった。
   Oh no! My bag's gotten stuck in the door[s]!

5. ここで座れるなんてラッキー！
   Lucky me! I found a seat!

6. 路線が伸びて便利になった。
   This line became more convenient after its expansion.

railroad crossing = 踏み切り cf. pedestrian crossing=横断歩道
rarely は「なかなか〜ない、めったに〜ない」と否定的な意味を表す副詞。seldom も同じ意味だが少し硬い感じがある。

---

crossing bell = 踏み切りの警報 cf. crossing bar=遮断機
make it は「間に合う」という意味。ここでは Can I cross the railroad crossing before the [crossing] bar comes down?（遮断機が下りてくる前に踏み切りを渡れるか？）を意味する。

---

local train = 各駅停車の電車／express [train] = 急行電車 cf. limited express [train]=特急／**crowded = 込んでいる**
例文の前半は I'm better off finding a seat ... と言ってもよい。I had better find a seat ... は「席を見つけないとまずい」の意味となりニュアンスが違ってくるので使わない。

---

have gotten stuck in ~ = 〜の中にはさまれる
「〜にはさまれる」は be caught in the door[s] でもよい。また「鞄を引っ張って中に入れる」は I pull my bag inside. と言う。

Lucky me!(=Lucky for me. / I'm in luck.) = ついてる、ラッキー
I didn't expect I'd find a seat now.（ここで席を見つけるとは思っていなかった）と言うこともできる。なお、「ここに座ってもよいですか？」は Do you mind if I sit here? と言う。

---

convenient = 便利な／expansion = 拡張[工事]
convenient は物や状況が主語になる形容詞なので、×I feel convenient with it.（それを便利に感じる）という言い方はできない。

chapter ❷ Commuting

7　この線は、車両故障ですぐ遅れるんだ。
This line is often delayed due to mechanical trouble.

8　また徐行運転かー。
The train is reducing its speed. Not again.

9　今日はよく電車が止まるなぁ。
The train has been coming to a stop quite often today.

10　学校が休みだと（お盆の時期は）電車はすいてるね。
Trains are not busy during school holidays (the Bon holidays).

11　この時間帯（朝の通勤ラッシュ）に下り列車に乗っている人がうらやましい。
I wish I were one of those people who get on the outbound line at this time(during the rush hour).

12　イヤホンのコードが抜けちゃったよ。
My earphones came unplugged.

line = [電車の]路線 cf. the Chuo line=中央線／**be delayed = 遅れる**／**due to ~ = ~が原因で**

ほかに遅れる原因として考えられるものは、signal failure（信号故障）、accident causing injury or death（人身事故）など。

---

reduce [one's] speed = スピードを落とす／**Not again. = またかよ、もうやめて**

「減速する」は slow down と言うが、× speed down（スピードダウン）とは言わない。「お、また加速し始めた」は、Hey, it's speeding up again.。

---

come to a stop = 停止する、停止状態になる／**quite often = 頻繁に**

「停止信号のため急停止した」は The train came to a sudden / an abrupt stop due to the stop signal. と言う。

---

school holidays = 学校の休み cf. summer vacation/holidays/break=夏休み（感覚的な長さの違いがある：vacation>holidays>break）

busy は「[人が] 忙しい」という意味以外に、「[お店・乗り物が] 込んでいる」という意味でもよく使われる形容詞。Restaurants are busy because of the Bon holidays.（お盆休みなのでレストランは込んでいる）。

---

the outbound line = 郊外へ向かう路線 cf. the inbound line=都心・市街へ向かう路線

I wish I were ~（自分が~だったらいいのになぁ）のように現実とは反対のことについて述べる表現。「朝（夕方）の通勤ラッシュ」は morning(evening) rush hour と言う。

---

earphone = イヤホン（通常複数）／**unplugged = プラグが抜けている、ささっていない**

come + 形容詞で「~の状態になる」を表す。My shoelaces came loose on the packed train.（満員電車で靴のひもがほどけちゃった）。

chapter ❷ Commuting

13 あの人、よくあの体勢で新聞読めるなあ。
How can that guy be reading a paper in that position?

14 立ったまま寝るなんて器用だなあ。
Look at how well that guy dozes while standing!

15 足の置き場がなくて倒れそう〜。
I'm falling over; there's no room for my feet.

16 ちょっと詰めればあと一人座れるのに。
They can make room for one more if they shift over a little.

17 電車の中でフルメークするなんて、度胸あるねえ。
That lady's got a lot of nerve putting on full makeup on the train.

18 ここ優先席だ。携帯オフにしなきゃ。
I've got to turn my cell off. This is a priority seat.

a paper = 新聞（可算名詞） cf. a lot of paper=たくさんの紙(不可算名詞)／**in such a position = そんな体勢で**／**position = 姿勢、状況**

How can S + V? は「S はよく V できるなぁ〜［普通はできるわけない］」という意味。How could 〜? の方が不可能である度合いが高くなる。

---

doze = 居眠りする／**while -ing = 同時に〜しながら**

Look at how S + V 〜 は「いかに S が V するか見て！」の意味。Look at how fast that elderly lady found a seat!（あのおばあちゃん、席を見つけるのがなんて早いんだろう！）

---

fall over = [つまずいて]倒れる／**room = スペース、場所(不可算名詞)** cf. <u>a room</u>/<u>rooms</u>=部屋

現在進行形（be -ing）には「今〜しているところです」以外に、「もうすぐ〜しそう」という意味もある。ここでの I'm falling over は「倒れている途中だ」ではなく「今にも倒れそう」という意味。

---

make room for 〜 = 〜のために場所を空ける／**shift over (=<u>budge</u>/<u>scoot over</u>) = 詰める、横に動く**

電車などで「横にずれてくれませんか？」と頼む場合は、Could you scoot over? と言うのが普通。

<u>have</u> / <u>have got</u> a lot of nerve = 度胸がある／**put on full makeup = フルメークする**／**put on 〜 = [化粧品]を塗る、つける**

nerve は「ずうずうしさ、度胸」という意味。nerve を使った表現には have the nerve to 〜（〜する度胸がある）、You've got some nerve!（ずうずうしい！）などがある。

---

have got to (=<u>have to</u> / <u>need to</u>) 〜 = 〜しなきゃ／**turn 〜 off = 〜の電源を切る**／**cell (=<u>cellphone</u>)= 携帯電話**／**priority seat = 優先席**

優先されるのは、elderly passengers（お年寄り）、handicapped passengers（体の不自由な人）、expecting mothers（妊娠中のお母さん）、passengers accompanying small children（乳幼児と一緒の乗客）など。

chapter ❷ Commuting

19 床の上に大きな鞄置かないでよ!
Don't leave that big bag here on the floor!

---

20 地下鉄はうるさいから音量を上げないと。
Maybe I better turn up the volume. The subway is so noisy.

---

21 隣の人、イヤホンから音漏れてるよ!
Noise is leaking from the earphones of the guy beside me.

---

22 <よろけたので>おじさんの背広にファンデつけちゃった。
<Staggering,>I accidentally put some foundation on the suit of <u>some</u>/<u>a</u> middle-aged guy.

---

23 痴漢だ……。
He's got to be a groper ...

---

24 ぬれた傘が腕にくっついて気持ち悪い。
That's gross. A wet umbrella's stuck against my arm.

leave ~ = ～を置いたままにする

「彼の鞄、場所取り過ぎ」は His bag takes up too much space.、「鞄がみんなの邪魔になっている」なら The bag is in everyone's way. と言う。

Maybe I better ~ = ひょっとして～した方がいいかも／turn up the volume = ボリュームを上げる

I better ~ は I had better ~（～しないとまずい）のくだけた言い方。「ガタガタいう地下鉄の騒音のせいで、ほとんど音楽が聞こえない」なら I can hardly hear my music because of the rumbling subway noise. と言う。

---

leak from ~ = ～から漏れる／beside ~ = ～の脇に、そばに

このような状況は The guy next to me is listening to music too loudly. I can hear what he's listening to.（隣の人、でかい音で音楽を聞いているな。何聞いてるか分かるよ）などとも表現できる。

---

accidentally = うっかり、誤って／foundation = [化粧の]ファンデーション／middle-aged = 中年の

例文とは逆に「わざと、故意に」は on purpose を使う。This man is leaning against me. He must be doing it on purpose.（この男性、私に寄りかかっている。わざとやってるに違いない）。

---

have got to ~ = ～に違いない（'s = has<have）／groper(=pervert/molester) = 痴漢

have got to ~（～に違いない、～であるはず）はくだけた会話でよく使われる表現で、must（違いない）と似た意味を持つ。I've got to be on the wrong train.（電車を間違えたに違いない）。

---

gross = 気持ち悪い／stick ~ against ... = ～を…にはりつかせる

gross は会話で「気持ち悪い、ぞっとする」を表す形容詞。また、clammy も「［ベトベトして］気持ち悪い」を意味する。Yuck. The handrail is sticky and clammy.（うぇっ。手すりがベトベトして気持ち悪い）。

chapter ❷ Commuting

25 ちょっと、新聞そんなに広げるなっつうの。
Hey, don't open your paper so wide here.

26 隣の人が寄り掛かってきて、肩が重いよ。
The lady next to me is leaning against me. My shoulder hurts.

27 隣の人の息が臭い。
The guy next to me has terrible breath.

28 おっ、あの人カッコいい！
Wow, isn't that guy cool!

29 もう駅や電車内は全部禁煙だね。
Every station and every train is non-smoking these days.

30 クーラー効き過ぎ。風邪引いちゃう！
The air conditioner is way too strong. I might catch a cold!

open ~ wide = 〜を大きく広げる

Hey（おい、ちょっと）はここでは注意を喚起する間投詞。言い方によっては強く無礼な表現になるので注意。また、カジュアルなあいさつにもよく使われる。Hey, what's up?（やあ、元気？）。

---

next to ~ = 〜の隣の／lean against ~ = 〜に寄り掛かる、もたれる／hurt = 痛む、痛みを感じる

「後ろにもたれる」は lean back と言う。I lean back and bang my head against the window.（後ろにもたれて、窓に頭をぶつける）。

---

terrible = ひどい

「(人) の〜は…だ」という場合、have を使って表せることが多い。That guy has a strange hair style.（あの男性の髪形は変だ）。

---

cool = [人が]カッコいい cf. ugly=ブサイクな

例文のように not がつく文は否定疑問文に似ているが、肯定の意味（That guy is cool.）を強調する表現。よって、「彼、カッコよくないよね？」ではなく「彼ってカッコいいよね！」という意味になる。

---

non-smoking = 禁煙の／these days = 近ごろ

「ここでたばこを吸わないでいただけますか？ 禁煙車なので」は、Would you mind not smoking here? It's a non-smoking car. と言う。

---

way = かなり、ずっと(副詞)／air conditioner = エアコン、クーラー(coolerとは言わない)／catch a cold = 風邪を引く

「エアコンを弱めて（消して）くれませんか？」は Could you turn down (turn off) the air conditioner?

chapter ❷ Commuting

31 ＜満員電車で＞次の駅で降りられるかな？
＜On a jam-packed train＞ Will I be able to get out at the next station?

32 ふぅ！　もう少しで乗り過ごすところだった。
Whew! I almost missed my stop.

33 前を部長が歩いてるぞ。あいさつしよう。
That's my manager walking ahead of me. I should say hello to him.

34 終電、行っちゃったかも！
The last train might have left already!

35 あちゃー！　終電逃しちゃった。
Shoot! I've missed the last train.

36 終電って酔っぱらいだらけだなあ。
There are loads of drunks on the last train.

be able to ~ = ～することができる／get out = 出る、抜け出す

「電車を降りる」は通常 get off（e.g. I get off the train.）を使うが、満員電車から降りる場合はまさに「抜け出す」感があるので get out と言った方がより雰囲気が伝わる。

---

whew = やれやれ、ふぅ（疲労を表す間投詞）／almost = もう少しで～／miss = ～を見逃す（ここでは乗り過ごす）

副詞 almost の代わりに nearly（危うく）を使って I nearly missed my stop. と言ってもほぼ同じ意味。

---

manager = 部長など上級職の地位にある人／ahead of ~ = ～の前方に／say hello to ~ = ～にあいさつする

日本と欧米の職階体系が異なるため、「部長」に該当する語には manager 以外に director、supervisor、chief など複数ある。また manager は「経営者」の意味もあるので使い方を注意すべき単語。

---

the last train = 終電 cf. the first train=始発［電車］

might have + 過去分詞は、「もう～してしまったかも」という意味。The first train might have arrived already.（始発はもう来てるかも）。例文は、Maybe I'm going to miss the last train! とも言える。

Shoot! = しまった！

shoot は驚きやいら立ちを表す間投詞。上品ではない単語 shit（くそ）の代わりに使われる。主にアメリカ人が好んで使う。

---

loads of ~ = たくさんの～／drunk = 酔っ払い（名詞）

loads of ~ は意味的に lots of ~（= a lot of ~）と同じだが、より口語的な表現。日本語で言えば「たくさんの」と「多くの」くらいの違いである。I have loads of friends.（友達がたくさんいる）。

Skit 通勤編

朝から通勤電車でウンザリ

Man: **Good morning. How are you today?**
Woman: **Terrible[1]!** I hate taking[2] the train in the morning.
M: **What happened?**
W: First of all[3], my bag got stuck in the door, **then** someone's wet umbrella was stuck against my arm.
M: **Oh, I hate it when that happens.**
W: I was hanging onto the strap but I lost my balance when the train suddenly braked, and I bumped into someone and stepped on his foot. He gave me a really nasty look[4], but it wasn't my fault[5]!
M: **Of course not.**
W: And the air conditioner was way too strong. I think I caught a cold.
M: **That's not good.**
W: And noise was leaking from the earphones of the guy beside me. And the guy standing on the other side had terrible breath. I think he must have had[6] garlic for breakfast!
M: **That's really annoying[7]. They should make garlic illegal[8].**
W: Ha-ha. The worst part was I almost missed my stop, and now I'm in a terrible mood[9].
M: **Here. Have a doughnut. That'll make you feel better [10].**
W: **Now you're trying to make me fat. What an awful day!**

男性：おはよう！ 元気?
女性：最悪！ 朝の電車って嫌になるわ。
男：何があったの?
女：まず、バッグがドアにはさまったでしょ。それにだれかの濡れた傘が腕にくっついちゃって。
男：ああ、それ、やだよねえ。
女：つり革にしがみついてたんだけど、電車の急ブレーキでバランス崩しちゃって、男の人にぶつかってその人の足を踏んじゃったの。すごい目でにらまれたんだけど、でも私のせいじゃないわよ！
男：もちろんだよ。
女：それにクーラーが効き過ぎてて、風邪ひいたみたい。
男：それは良くないねえ。
女：隣の男のイヤホンからは音が漏れてうるさいし、その反対側に立っていた男の息は臭いし。きっと朝ごはんにニンニク食べたのよ！
男：そりゃ大迷惑だねえ。ニンニクは違法にすべきだ。
女：あはは。でも、もっと最悪なのはもう少しで乗り過ごすとこだったの。そういうわけで機嫌が悪いのよ。
男：さ、ドーナツ食べて。これで少しは気が治まるだろ。
女：さては私を太らせる気ね。最低の日だわ！

【語注】

❶ terrible: ひどい
❷ hate -ing: ～するのが嫌だ
❸ first of all: まず第一に
❹ give ~ a nasty look: ～を陰険な目つきで見る
❺ be one's fault: ～の過ちだ
❻ he must have had ~: 彼は～を食べたに違いない
❼ annoying: 迷惑な、人を悩ます
❽ illegal: 不法な
❾ in a terrible mood: ひどく不機嫌で
❿ feel better: 気分が良くなる

Quick Check

本章に出てきたフレーズを復習しましょう。以下の日本語の意味になるよう英文を完成させてください。答えはページの下にあります。

❶信号を無視して道を渡る。 ➡P042
I ( ) ( ) the light.

❷乗車カードをタッチする。 ➡P043
I ( ) the ( ) ( ) with a ( ) ( ) ( ).

❸ホームに押し出されて乗れなくなる。 ➡P044
I get ( ) ( ) onto the ( ) and cannot ( ) ( ) ( ).

❹女性専用車乗車位置に移動する。 ➡P047
I move to the ( ) ( ) a ( ) car ( ).

❺急行は込んでるから、各駅で座って行こう。 ➡P048
It's better to ( ) a ( ) on a ( ) train because that ( ) is really ( ).

❻この線は、車両事故ですぐ遅れるんだ。 ➡P050
This ( ) is often ( ) ( ) to ( ) ( ).

❼ちょっと詰めればあと一人座れるのに。 ➡P052
They can ( ) ( ) for ( ) ( ) if they ( ) ( ) a little.

❽<よろけたので>おじさんの背広にファンデつけちゃった。 ➡P054
I ( ) ( ) some ( ) ( ) the suit of a ( ) ( ).

❾ちょっと、新聞そんなに広げるなっつうの。 ➡P056
( ), don't ( ) your ( ) so ( ) here.

❿終電、行っちゃったかも! ➡P058
The ( ) train ( ) ( ) ( ) already!

---

❶cross/against ❷touch/ticket/gate/prepaid/railway/pass ❸shoved/out/platform/get/back/on ❹spot/where/women-only/stops ❺find/seat/local/express/crowded ❻line/delayed/due/mechanical/trouble ❼make/room/one/more/shift/over ❽accidentally/put/foundation/on/middle-aged/guy ❾Hey/open/paper/wide ❿last/might/have/left

chapter 3 Housework

家事

洗濯、掃除、炊事、買い物などなど
家事で使う道具やアイテムは多いし、
作業の量や種類もなかなかのものです。
また、近年は、家事にもエコロジーが
取り入れられるようになってきました。
家事をこなしながら、口にできる表現は
本当にいろいろあります。

chapter ③ Housework

Words 単語編

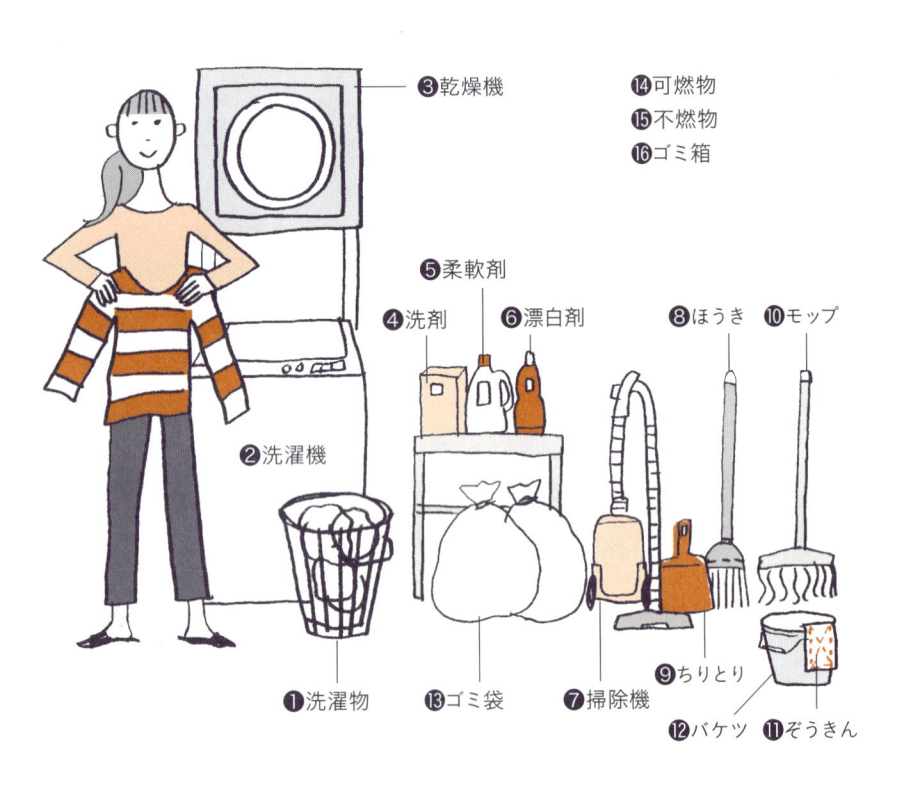

- ❸ 乾燥機
- ❹ 可燃物
- ❺ 不燃物
- ❻ ゴミ箱
- ❺ 柔軟剤
- ❹ 洗剤
- ❻ 漂白剤
- ❽ ほうき
- ❿ モップ
- ❷ 洗濯機
- ❶ 洗濯物
- ⓭ ゴミ袋
- ❼ 掃除機
- ❾ ちりとり
- ⓬ バケツ
- ⓫ ぞうきん

❶laundry ❷washing machine ❸dryer ❹laundry detergent ❺softener ❻bleach ❼vacuum cleaner ❽broom ❾dustpan ❿mop ⓫rag ⓬bucket ⓭garbage bag ⓮combustible ⓯non-

まずは、さまざまなものの名前で
「家事」のシーンのイメージをつかもう。

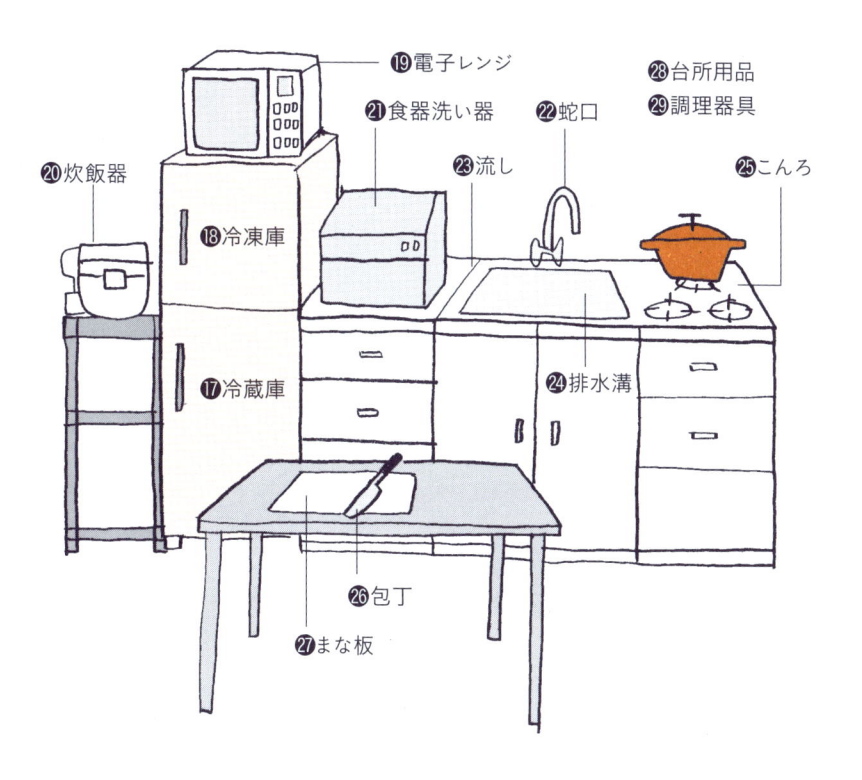

⑲電子レンジ
㉑食器洗い器
㉒蛇口
㉘台所用品
㉙調理器具
⑳炊飯器
㉓流し
㉕こんろ
⑱冷凍庫
⑰冷蔵庫
㉔排水溝
㉖包丁
㉗まな板

combustible ⑯garbage can ⑰refrigerator ⑱freezer ⑲microwave ⑳ricecooker ㉑dishwasher ㉒faucet ㉓sink ㉔drain ㉕stove ㉖knife ㉗cutting board ㉘kitchen utensils ㉙cookware

chapter ③ Housework

1　洗濯物を洗濯機の中に入れる
I put my laundry in the washing machine.

2　風呂の残り湯で洗濯をする
I do the laundry <u>with/using</u> the bath water.

3　シャツをつけおき洗いする
I soak the shirt in water before washing.

4　洗濯物を干す
I hang the laundry up to dry.

5　陰干しにする
I let the <u>laundry/clothes</u> dry in the shade.

tips

❶ laundryは「洗濯物」全体を指す。「洗濯物を洗濯機から取り出す」は take the laundry out of the washing machine。
❷「[洗濯用]洗剤」は [laundry] detergent、「柔軟剤」は softener。
❸ soakは「[水などに] 浸す」。「シャツを漂白する」は clean the shirt with bleach。

> 6 乾燥機に洗濯物を入れる。
> **I put the laundry in the dryer.**

> 7 洗濯物をたたむ
> **I fold the clothes.**

> 8 アイロンをかける
> **I iron the clothes.**

> 9 衣替えをする
> **I rearrange my wardrobe for the new season.**

> 10 冬物をクリーニングに出す
> **I take my winter clothes to the dry cleaner's.**

❹「ふとんを干す」はair out futons、「洗濯物を取り込む」はtake in the laundry。
❺「日光にあてて干す」はdry the clothes in the sun。
❻「乾燥機」はdrierとも綴る。「乾燥機で乾かす」はtumble-dry。
❾wardrobeは「自分が持っている衣類」全体を指す。
❿クリーニング店はthe cleaner's、dry-cleaning shopとも言う。

chapter ❸ Housework

11 食料品を買いに出掛ける
I go shopping for food.

12 値引き品(特価商品)を狙う
I look for items at discount prices (bargain prices).

13 商品の底値を覚える
I keep the item's lowest price in mind.

14 スーパーのレジで順番を待つ
I wait in the checkout line at the supermarket.

15 釣り銭を確認する
I make sure I got the right change.

tips
⓫「買い物リストを作る」は<u>make</u>/<u>write</u> a shopping list。
⓬look for ~ は「~を探す」。itemsは「品物、商品」。
⓭keep ~ in mindは「~を覚えておく」。rememberでもよい。
⓮lineは「列、並び」。「レジ」は<u>checkout counter</u> / <u>cash register</u>、「レジ係」はcashier。express counter(line)は特定の数以下の品物を買う人が並ぶレジ(列)。

16 冷蔵庫の中身を整理する
I sort out the contents of the <u>fridge/refrigerator</u>.

17 残り物で夕ごはんを作る
I make dinner with what's left.

18 テレビで見た（サイトで見つけた）新しいレシピを試す
I try a new recipe I saw on TV (found on a website).

19 包丁をとぐ
I sharpen a knife.

20 食卓を片付ける
I clear the table.

- ⓯ right は「間違っていない、正しい」。change は「お釣り」。
- ⓰ sort out は「整理する、分類して取捨選択する」。
- ⓱ make dinner は fix dinner でもよい。what's left は「残ったもの」。
- ⓴ clear は上にあるものをしまって「片づける」こと。clean は汚れをふきとって「きれいにする」。「テーブルをふく」は wipe the table。

chapter ❸ Housework

21 部屋を片付ける
I tidy up the room.

22 家具のほこりを払う
I dust the furniture.

23 部屋の換気をする
I air out the room.

24 床(部屋)に掃除機をかける
I vacuum the floor (room).

25 ぞうきん掛けをする
I wipe the floor with a wet rag.

tips

㉑ tidy up は「きちんとする、整頓する」。汚れをとって「きれいにする、掃除する」場合はclean を使う。
㉓ air out(=let some fresh air into the room)は「空気を入れ換える」。
㉔「掃除機」は vacuum cleaner、「はたき」は duster、「ほうき」は broom、「モップ」は mop。

26 床をモップでふく
I mop the floor.

27 床にワックスをかける
I wax the floor.

28 風呂のカビをとる
I clean off the mold in the bathroom.

29 部屋(家)の模様替えをする
I redecorate my room(house).

30 年末の大掃除をする
I clean the house at the end of the year.

㉕「ぞうきんをゆすぐ」は rinse [out] the rag、「ぞうきんを絞る」は wring [out] the rag。
㉗「床にワックスをかける」は polish the floor with wax とも言える。
㉙「模様替えをする」は redo や rearrange を使ってもよい。
㉚アメリカでは大掃除を4月にするので spring cleaning と言う。

chapter 3 Housework

31 重曹とお酢でエコ掃除をする
I do eco-friendly cleaning with baking soda and vinegar.

32 食器を洗う前に、汚れをよく落とす
I scrape the dishes thoroughly before I wash them.

33 新聞紙をリサイクルに出す
I take a stack of old newspapers out for recycling.

34 プラスチックごみを出していい日を確認する
I check the garbage collection day for plastics.

35 庭掃除をする
I sweep the yard.

tips

㉛「エコ」はecology(環境保護政策／環境保護意識])の略。英語ではeco-friendly のように使う。「エコグッズ」は green goods/products。
㉜ scrape は「〜をこすって落とす」。「食器洗い機」は dishwasher。
㉝ a stack of 〜 は「積み重ねられた一山の〜」。
㉞「ゴミ」は trash あるいは rubbish とも。「ゴミを出す」は take out

36 草むしりをする
I weed my garden.

37 家庭菜園でハーブを育てる
I grow herbs in my garden.

38 配線をする
I wire the cables/connect the wires.

39 料金を払う
I pay my bills.

40 家計簿をつける
I keep records of household expenses.

the garbage、「可燃ゴミと不燃ゴミに分別する」はseparate the garbage into combustible and noncombustible。
㉟sweepは「[ほうきやブラシなどで]掃く」こと。
㊱「雑草を抜く」はpull up the weeds、「芝生を刈る」はmow the lawn。
㊴billは「請求書」、「集金人」は[bill/money] collector。

chapter ❸ Housework

1. 洗濯物がたまってきたなあ。
   The laundry is piling up.

2. 今日は洗濯日和だ。
   It's a good day to do the laundry.

3. 靴下を裏返しにしたまま出さないでよ。
   Don't leave your socks inside out.

4. あー、色移りして白いシャツがピンクになっちゃった。
   Oh, no! My white shirt is stained pink.

5. 着物の虫干しをしようかな。
   I'm going to air out the *kimono*.

6. ゲッ！ コートに虫食いが！
   My goodness! My coat has got moth holes!

laundry = (集合的に)洗濯物 cf. a load of laundry=洗濯1回分／**pile up = 山積みになる、たまる** cf. pile up high=うず高く積もる

I have a lot of washing to do.（洗濯物がたくさんある）とも言える。

It's a good day to ~ (=It's a great day to ~) = ～日和だ、～するのに良い日だ／do the laundry(=do the washing) = 洗濯する

「洗濯物を乾かす」は dry laundry、「外に干す」は hang the laundry out to dry、「部屋干しする」は hang the laundry inside。

---

leave = ～のままにしておく／inside out = 裏返しに cf. upside down=上下逆さまに/back to front=後ろ前に

靴下は2つでひとそろいなので、a sock は靴下片方のこと。「靴下一足」は a pair of socks。

---

shirt = シャツ、ワイシャツ／stain = ～に汚れ、染み、色をつける

be stained +～色で「～色の染みがついた」。衣類の取り扱い表示で「色物は別に洗濯してください」は Wash colors separately.。

---

air out = ～を外気にさらす、干す

kimono は英語にもなっているが、通じないようであれば traditional Japanese-style clothing/garment と説明すればよい。洋服など通常の衣類は clothes を使う。

My goodness! = しまった！、えっ！／moth hole = 虫食いの穴 cf. get moth holes=虫食いの穴ができる

Moths ate my coat!（コートを虫に食われてしまった！）とも言える。「防虫加工した」（形容詞）は mothproof。

chapter ❸ Housework

7　今日は夕飯作るのめんどくさいな。
I don't feel up to making dinner today.

8　出前を取ろうかな。
Maybe I'll order out for something to eat.

9　今日のごはんは手抜きします！
Today's meal is fuss-free!

10　今日は献立がまったく浮かばない。そうだ、ネットで検索しよう！
I can't come up with any ideas for what to eat today. I know! Let me search the Internet!

11　そろそろサンマがおいしい季節だな。
***Sanma* is in season now.**

12　賞味期限切れてるけど大丈夫かな？
This has passed the best-before date, but is it OK [to eat]?

don't feel up to ~ = ～する気になれない、気が進まない

feel up to~ は通常否定文で使う。「～したい気分だ」なら I feel like~。「食事を作るのは本当に面倒だ」は It's such a chore making dinner.。

---

order out for ~ = ～を出前で注文する cf. [home-]delivery service=出前、宅配サービス／**something to eat = 何か食べるもの**

I will get food delivered.（出前をしてもらおう）とも言える。deliver は「配達する」、Do you deliver? で「出前はできますか？」。

---

fuss = こまごまと手のかかること／~ -free = ～のない cf. calorie-free=カロリーゼロの/sugar-free=無糖の

fuss-free で「手間がかからない」。「手を抜く」は save [one's] trouble、反対に「手間をかける」は with [an] effort。

---

come up with = (考え)を思いつく／what to eat = 何を食べるか／I know! = そうだ！／search the Internet/Net = ネットで探す

「何を料理するか考えつかない」なら I can't think of what to cook.。

---

in season = 食べごろの季節で、旬で cf. vegetables(fruit) in season=旬の野菜（果物）

「サンマがおいしい季節だ」は It's the season for delicious *sanma* fish. とも言える。サンマは英語では saury、skipper。

---

pass = ～を過ぎる／the best-before date(=the use-by date) = 賞味期限
cf. expiration date=有効期限

「食べても大丈夫だと思う？」は Do you think it's OK to eat?、「期限の切れた食品」は expired food と言う。

chapter ❸ Housework

13 あーあ、トマト腐らせちゃった。
Oh, I've found a rotten tomato.

14 掃除が大変だから揚げ物はしない。
I avoid deep-frying because cleaning up afterwards is so much work.

15 なんか焦げくさいぞ!
I smell something burning!

16 出来合いのものより手作りした方が高くついちゃった。
Homemade food turned out to be more costly than ready-made food.

17 明日のお弁当の分を先に取り分けておこう。
I'll set aside some food for tomorrow's lunch.

18 おかずを作り置きしておくと、平日に助かるな。
It will be very helpful on weekdays if I cook something ahead.

rotten = 腐った cf. rot=(肉、野菜などが)腐る、腐敗した状態/spoil=(食べ物が)だめになる/go bad=腐る、悪くなる

I left a tomato to rot.（トマトを放っておいて腐らせてしまった）でも同じ。

---

avoid = 〜を避ける／deep-fry = [たっぷりの]油で揚げる cf. fry=油で揚げる、炒める/stir-fry=炒める**／afterwards = あとで**

I don't make fried food because cleaning up afterward is so hard. とも言える。 fried food は「揚げ物」。

---

smell something 〜 = 何か〜のにおいがする cf. Do you smell something?=何かにおわない?**／burn = 燃える、焦げる**

Something is burning!（何かが焦げてる！）とも言える。

---

homemade = 手作りの cf. homemade apple pie=自家製のアップルパイ**／turn out to 〜 = 結局〜になる／costly(=expensive) = 値段が高い／ ready-made food(=prepared food) = 出来合いの食品**

---

set aside 〜 = 〜を取りのけておく

「明日のお弁当に入れるために…」は ... to put in tomorrow's lunchbox としてもよい。「弁当を作る（詰める）」は I make(pack) my lunch.。

---

helpful = 助けになる／weekdays = 平日 cf. weekend=週末**／cook = 〜を調理する、料理する／ahead = 前もって**

「おかず」は dishes、主菜になるものを main dish、付け合わせは side dishes と言う。

chapter ❸ Housework

19 一晩寝かせたカレーは絶品だ！
The curry that I left overnight tastes superb!

20 余ったごはんは冷凍しておこう。
I'll freeze the leftover rice.

21 うわっ、冷蔵庫の奥から3年前の缶詰めが出てきた。
Ugh! I found a three-year-old can of food deep inside the fridge.

22 三角コーナーからヘンなにおいがするよ。
A nasty odor is coming from the sink strainer in the corner.

23 洗剤で手が荒れちゃった！
My hands got rough from using detergent!

24 この洗剤じゃ排水溝のぬめりまではとれないか。
This detergent can't get rid of the slime in the drain.

overnight = 一晩／taste = 味がする／superb = 素晴らしい、絶品の
「〜を一晩置いておく」は let ~ stand overnight とも。「カレーライス」は和製英語で、英語では curry and rice または curried rice と言う。

---

freeze = 〜を凍らせる cf. freezer=冷凍庫/refrigerator=冷蔵庫/refrigerate=〜を冷蔵する**／leftover = 余った**
I'll put the rest of the rice in the freezer.（残ったごはんを冷凍庫に入れておこう）とも言える。

---

can of food = 食品の缶詰 cf. canned=缶詰めにした**／deep inside ~ = 〜内部の奥深くに／fridge(= refrigerator) = 冷蔵庫**
three-year-old は「3年たった、3年前の」とひとまとまりの形容詞。「この缶詰めは3年前のだ」なら This can is three years old.。

---

nasty = 不快な、いやな／odor = におい、臭気 cf. foul odor=悪臭**／sink = 台所の流し／strainer = ざる、水切り**
smell「におい」は、いいにおい、悪いにおいのどちらにも使えるが、odor は主に悪いにおい。

---

hand = 手 cf. palm=手のひら/finger[s]=指/nail=爪**／rough = 荒れた、ざらざらの** cf. rough and dry=荒れて乾燥した**／detergent = 洗剤** cf. soap=石けん
「なめらかな手」は soft and smooth hand、「手を〜から保護する」は protect hands from~。

---

get rid of ~ = 〜を取り除く／slime (= sliminess) = ドロドロ、ネバネバしたもの／drain = 排水溝、配水管
「排水溝が詰まった」は The drain is clogged.、「排水溝の掃除をする」は clean the drain。

chapter 3 Housework

25 この時間に掃除機かけたらひんしゅくだよね。

It would cause a lot of trouble if I vacuum at this hour.

26 いくら掃除しても、犬の毛ってすぐに散らかるんだよね。

My dog's hair is all over the place no matter how often I clean it up.

27 あ〜あ、お義母さんに、棚のほこりをチェックされちゃった。

Oh, no! My mother-in-law checked for dust on the shelf.

28 1週間でこんなにほこりが積もるなんて。

I can't believe how much dust we get in just a week.

29 フローリングってほこりが目立つな。

Dust is more visible on the wooden floor.

30 風水的にトイレは絶対きれいにしとかないと。

According to *feng shui*, I should definitely keep the bathroom clean.

cause trouble = 迷惑をかける／**vacuum** = 掃除機をかける

It would be disturbing if ~（もし～したら迷惑だろう）と表現してもよい。at this hour（こんな時間に）が早朝（深夜）なら at this hour of the morning(night)。

---

hair =（集合的に）毛 cf. a hair=1本の毛／**all over the place** = いたるところに cf. leave things all over the place=そこら中にものを散らかしておく／**no matter how often ~** = どれだけしょっちゅう～しても

---

mother-in-law = 義母、姑／**dust** = ほこり、ちり

~ -in-law は法律上の（結婚などによる）家族関係を表すときに使う。「息子の妻、嫁」は daughter-in-law、「義父、しゅうと」は father-in-law、義理の家族や親戚全員をまとめた呼び名は in-laws。

I can't believe ~ = ～なんて驚きだ、信じられない／**dust** = ほこり cf. dusty=ほこりっぽい、ほこりだらけの／**in just a week** = たったの1週間で

I can't believe how much dust has gathered in just a week. とも言える。

---

visible = 目に見える／**wooden floor(=wood floor)** = フローリング、板張りの床

「フローリング」は和製英語なので注意。「じゅうたん」は carpet、「じゅうたん敷きの部屋」は carpeted room、「畳」は *tatami* /straw-mat floor。

---

according to ~ = ～によると／*feng shui* = 風水（中国の占い）／**definitely** = 絶対に

「風水に基づいて」なら based on *feng shui*。「開運を祈る」は pray for better fortune/luck、「縁起がいい」は good luck / lucky。

chapter 3 Housework

31 油汚れって落ちにくいよね。
Grease stains are tough to remove.

32 タイルの目地に黒ずみが。
I see dark smudges between the tiles.

33 収納スペースが足りないな。
We don't have enough storage space.

34 蛍光灯がチカチカしてる。そろそろ替えどきだ。
The fluorescent light is flickering. It's time to replace it.

35 もうすぐトイレットペーパーが切れそうだ。
We are running out of toilet paper.

36 タイムサービスで詰め放題をやってるよ。
There's a limited offer on an all-you-can-carry sale.

grease stain (=greasy dirt) = 油汚れ cf. grease=油脂／greasy=脂っぽい／**tough to ~ = ~するのが大変な、てこずる／remove = ~を取り除く**
Greasy dirt is tough to get rid of. とも言える。

---

smudge (=dirty spot) = 汚れ、染み
I see dirty spots around the tiles. とも言える。「目地」は直訳すると joint「継ぎ目」だが、between や around を使ってタイルの「間／回り」の汚れと言った方が分かりやすい。

---

enough = 十分な／storage = 保管、収納[庫] cf. store=~を収納する/space to store clothes=洋服の収納スペース/storage furniture=収納家具
「洋服はどこに収納していますか？」は Where do you store your clothes?

---

fluorescent light = 蛍光灯 cf. [electric⟨al⟩] light bulb=電球/incandescent light/lamp=白熱灯／**flicker = 点滅する／it's time to ~ = ~する時期だ**
「電球が切れた」は The light bulb has burnt out.、「電気がつかない」は The light is not working.。

---

run out of ~ = ~を使い果たす、切れる
進行形 be -ing で「今そういう状態になろうとしている」ことを表す。「トイレットペーパーがもうない」なら We don't have any more toilet paper.、「予備のトイレットペーパー」は a spare roll of toilet paper。

---

limited offer = 期間限定サービス、タイムサービス／all-you-can-carry = 詰められるだけ全部 cf. all you can ~=~できるものすべて/all-you-can-drink=飲み放題の/all-you-can-eat=食べ放題の、バイキング形式の
英語で言う場合は all-you-can-pack より all-you-can-carry の方が自然。

chapter ③ Housework

37 ポイントがたまった！
I've earned points [on my discount card]!

38 今日はポイント5倍デーだから買いだめしとこう！
Today I can earn five times more points [on my card] than usual, so I'm going to buy a lot!

39 冷凍食品が4割引だ。
Frozen food is 40 percent off.

40 うちの家計簿って、本当にどんぶり勘定だ。
Our household expense records are very sloppy.

41 今月は相当切り詰めないと厳しいなあ。
We must cut back on spending as much as possible this month.

42 こんなに面倒な分別させといて、本当にリサイクルしてるのかなあ。
Separating garbage is so complicated, but I wonder if it's really recycled.

earn points = ポイントを獲得する／discount card(=reward card) = ポイントカード

「たまったポイント」は accumulated points、「特典」は privilege、「優待券、クーポン券」は coupon、「商品引換券」は voucher。

~ times = ～倍の／buy a lot(= stock up) = 買いだめする

~ times more ... than usual で「いつもより…が～倍多い」という意味。「ポイントが2倍（3倍）になる」なら The points will be doubled(tripled).。

---

frozen food = 冷凍食品／~ percent off = ～パーセント引き cf. half off=半額の

「[～パーセント] 割引で売る（買う）」は sell(buy) at a [~ percent] discount。「冷凍食品を解凍する」は thaw [frozen] food と言う。

---

household expense records(=household account book/housekeeping book) = 家計簿 cf. household account=家計／sloppy = いいかげんな、ずさんな

very sloppy の代わりに far from precise（正確とはほど遠い）と言ってもよい。

---

cut back on ~ = ～を切り詰める、減らす／spending = 支出、出費

We must cut down on household expenses ... でも同じ。「出費」は expenses でも。「倹約する」のくだけた表現として tighten our belts（ベルトを引き締める）という言い方もある。

---

separate = ～を分ける／garbage = （集合的に）ごみ cf. trash=[紙などの]ごみ／rubbish=くず／complicated = 複雑だ／I wonder if ~ = ～かどうか疑問に思う／recycle = ～をリサイクル/再利用する cf. recycled products=リサイクル製品／recycled paper=再生紙

chapter ❸ Housework

43 この洗剤、環境負荷が高いらしいよ。
I hear this detergent is not environmentally-friendly.

44 家事ってどこまでやってもきりがないな。
Household chores go on forever.

45 お手伝いさんを雇える余裕があればいいのに。
I wish we could afford [to hire] a housekeeper.

46 家事は夫婦で完全分担してるよ。
We divide household chores equally.

I hear ~ = ~だと聞いている／environmentally-friendly = 環境にやさしい
cf. ~ -friendly=~に適した、~を助ける/earth-friendly=地球にやさしい
「環境に悪影響を与える」は have an adverse impact on the environment。

---

household chores(= housework) = 家事 cf. chores=毎日の雑用／**go on forever = 永遠に続く**
Housework is endless. または Housework never ends. でも同じ。

---

afford = ~する[金銭的]余裕がある／hire = ~を雇う／housekeeper(= domestic help) = 家政婦
I wish we could ~（~できたらいいのにと思う）の wish は、実現しそうもないことを望むときに使う（I hope ~ は可能だと信じて望む場合）。

---

divide ~ equally = ~を平等に分ける
主語 We の代わりに、夫が話しているなら My wife and I ~、妻なら My husband and I ~ とはっきりさせてもよい。英語では I and ~ ではなく ~ and I のように I は後にくることに注意。

Skit 家事編

不器用なダンナでもできる家事とは?

Woman 1: **Hi, Marie. How was your weekend?**
Woman 2: **I was really busy. I had to rearrange my wardrobe for the new season.**
W1: **Yes, you look kind of[1] tired[2].**
W2: **I am. I had to air out the clothes first. Plus, the laundry was piling up. And the dog's hair gets all over the place no matter how often I clean it up.**
W1: **Doesn't your husband help you? My husband and I divide household chores equally.**
W2: **Oh, he tries to help but he's useless. When he clears the table, he breaks the dishes. When he irons the clothes, he burns them. I wish we could afford to hire a housekeeper.**
W1: **I know how you feel. We have to cut back on spending this month. I do the laundry using bath water and look for items at discount prices.**
   Oh, did you see today's newspaper? Frozen food is 40 percent off at *Buy A Lot* supermarket.
W2: **But you have to wait in the checkout line forever at *Buy A Lot*.**
W1: **Why don't you[3] make your husband do it?**
W2: **Good idea! He couldn't possibly[4] mess that up[5]!**

女性1：こんにちは、マリー。週末はどうだった？
女性2：すごく忙しかったわ。衣替えしなきゃいけなかったの。
女1：ほんと、お疲れのようね。
女2：そうなの。まず洋服を虫干ししなきゃいけないでしょ。洗濯物だって山積みだったし。おまけにいくら掃除してもそこらじゅう犬の毛だらけだし。
女1：ダンナは手伝ってくれないの？　うちでは家事はダンナと平等に分担してるわよ。
女2：ええ、彼も手伝おうとはするんだけど、役に立たないのよ。食卓を片付ければ皿は割るし、アイロンをかければ服を焦がすし。お手伝いさんを頼める余裕があればいいんだけど。
女1：わかるわ、その気持ち。今月は切り詰めなきゃならなくて、洗濯はお風呂の残り湯でやるし、買い物ではお買い得品を探すし。
そうだ、今日の新聞見た？　バイ・ア・ロット・スーパーで、冷凍食品が4割引よ。
女2：でも、バイ・ア・ロットじゃレジでものすごく待たなくちゃいけないでしょ。
女1：ダンナに並ばせたらどう？
女2：**名案だわ！　それだったらヘマのしようもないしね！**

【語 注】

❶ kind of: なんだか、ちょっと
❷ look tired: 疲れているように見える
❸ Why don't you ~: ～してはどうですか？
❹ conldn't possibly ~: とうてい～することはない、～しようがない
❺ mess ~ up: ～を台無しにする、めちゃめちゃにする

Quick Check

本章に出てきたフレーズを復習しましょう。以下の日本語の意味になるよう
英文を完成させてください。答えはページの下にあります。

❶シャツをつけおき洗いする。 ➡P066
I ( ) the shirt ( ) ( ) before ( ).

❷冷蔵庫の中身を整理する。 ➡P069
I ( ) ( ) the contents of the ( ).

❸部屋を片付ける。 ➡P070
I ( ) ( ) the room.

❹新聞紙をリサイクルに出す。 ➡P072
I take ( ) ( ) ( ) old newspapers ( ) for ( ).

❺靴下を裏返しにしたまま出さないでよ。 ➡P074
Don't ( ) your socks ( ) ( ).

❻今日は献立がまったく浮かばない。そうだ、ネットで検索しよう！ ➡P076
I can't ( ) ( ) ( ) any ( ) for what to eat today. I ( )! Let me ( ) ( ) ( )!

❼そろそろサンマがおいしい季節だな。 ➡P076
Sanma ( ) ( ) ( ) now.

❽あーあ、トマト腐らせちゃった。 ➡P078
Oh, I've ( ) a ( ) tomato.

❾風水的にトイレは絶対きれいにしとかないと。 ➡P082
( ) ( ) *feng shui*, I should ( ) ( ) the bathroom ( ).

❿もうすぐトイレットペーパーが切れそうだ。 ➡P084
We ( ) ( ) ( ) ( ) toilet paper.

---

❶soak/in/water/washing ❷sort/out/fridge(refrigerator) ❸tidy/up ❹a/stack/of/out/recycling ❺leave/inside/out ❻come/up/with/ideas/know/search/the/Internet ❼is/in/season ❽found/rotten ❾According/to/definitely/keep/clean ❿are/running/out/of

chapter 4   Working at the Office

オフィスで
仕事

社会人の多くは会社勤めしています。
電話や書類と格闘し
会議に出たり接客をしたり、
また上司や部下、同僚たちを相手に
人間関係を築いたりと、
体も頭も大いに使います。
実際のコミュニケーションに使える
つぶやき表現も多そうですね。

chapter 4 Working at the Office

Words 単語編

㉕ 客
③ 電話
④ 受話器
⑤ 内線
⑥ 外線
⑧ シャープペンシル
⑨ 蛍光ペン
⑪ 領収書
⑫ 請求書
⑩ メモ用紙
⑦ 電卓
㉖ 名刺
⑬ 引き出し
⑮ 事務用品
⑭ 回転いす

❶time recorder ❷ID card ❸telephone ❹handset ❺extension line ❻external line ❼calculator ❽mechanical pencil ❾marker ❿memo pad ⓫receipt ⓬bill/invoice ⓭drawer ⓮

まずは、さまざまなものの名前で
「オフィスで仕事」のシーンのイメージをつかもう。

- ⑯資料
- ⑰ファイルキャビネット
- ⑱掲示板
- ㉒上司
- ㉓部下
- ㉔書類
- ⑲コピー機
- ⑳ファクス
- ❶タイムレコーダー
- ❷IDカード
- ㉑設備、備品

swivel chair ⑮office supplies ⑯material ⑰file cabinet ⑱bulletin board ⑲copier ⑳fax machine ㉑equipment ㉒boss ㉓staff ㉔document ㉕client/customer ㉖business card

chapter 4 Working at the Office

1 IDカードをタイムレコーダーに通す
I swipe my ID card through a time recorder.

2 ロッカーを開けて鞄をしまう
I open the locker and put my bag in.

3 電話を取る
I answer the phone.

4 メモを取る
I take notes.

5 電話を転送する
I transfer a phone call.

tips

❶ swipe A through B で「AをBに通す」。「磁気読み取り機」全般は card swipe [device] と言う。
❸ 会話では get the phone（電話に出る）でも通じる。
❹「〜をメモする」は get down 〜、jot down 〜 などと言う。
❺「[電話を切らずに]少々お待ちください」は Would you hold on /

6 電話を切る
I hang up [the phone].

7 伝言を伝える
I give someone a message.

8 外線を内線と間違える
I mix up an external line with an extension line.

9 ゼロ発信する
I dial 0 first before making a phone call.

10 電卓で計算する
I use a calculator.

hold the line, please?。
❼「伝言をお預かりしましょうか？」はWould you like to leave a message? と言う。
❽ mix up A with Bで「AとBを取り違える」。
❿ work（作業する）を使ってI work with a calculator. と言ってもよい。

chapter ④ Working at the Office

11 書類を提出する
I submit the documents.

12 書類に判を押す
I stamp the documents.

13 資料を整理する
I organize my material.

14 コピーを取る
I make some copies.

15 資料を作成して配布する
I prepare my material and distribute copies.

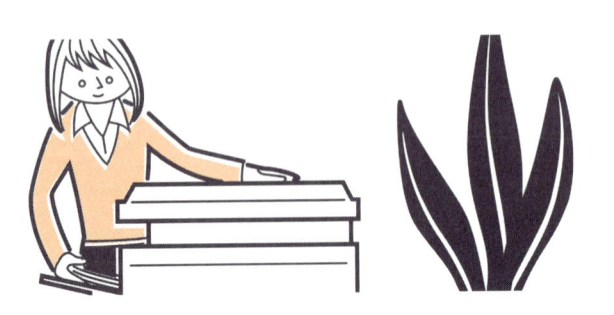

tips

⓫「~を提出する」は turn in ~ 、hand in ~ でもよい。
⓬ 書類は papers(複数形)でもよい。
⓭「机の上を整理する、片付ける」は tidy up the desk。
⓮ make photocopies / Xerox copies (Xerox は動詞)とも言う。
⓯「[文書など]を作成する」は draw up ~。

16 ファクス(メール)で書類を送る
I send a document by fax(e-mail).

17 書類をシュレッダーにかける
I shred a document.

18 経理部に領収書を回す
I pass my receipt on to the accounting department.

19 経費精算する
I get reimbursed for my expenses.

20 郵便物を社内に配る
They deliver mail throughout the company.

⓱shredはもともと名詞で「細長い断片」のこと。
⓲領収書はvoucherとも。travel voucher(出張の領収書)。
⓳reimburseは「～を払い戻す」。reimburse (人) for ~で「(人)に～の費用を払い戻す」。
⓴「[書類など]を回覧する」ならcirculateを使い、They circulate the memo.(社内報告を回覧する)のように言う。

chapter ④ Working at the Office

21 机の上を片付ける
I organize the top of my desk.

22 稟議書を回す
We circulate a *ringi*, an approval document for decision-making.

23 部下と打ち合わせをする
I have a meeting with my staff.

24 会議に出席する
I attend a meeting.

25 会議で発言する
I speak at the meeting.

tips
㉑ organize は「〜を片付ける、整理する」、clean は「〜を掃除する」。
㉒ 日本語を直接表現する英単語がない場合は、このように日本語の後にそれを説明する英語を付け加える。
㉓ 正式には「部下」は subordinate と言う（反対は superior）が、通常は上司を boss、部下を staff と言うことが多い。

26 プレゼンの準備をする
I prepare for my presentation.

27 会議の場所を確保する
I book a room for the meeting.

28 海外の取引先とテレビ会議をする
We hold a videoconference with clients overseas.

29 接客する
I meet a client.

30 来客と名刺を交換する
I exchange business cards with a client.

㉔ attend は「〜に出席する」という意味では他動詞。attend in 〜とは言わないことに注意。
㉖「プレゼンを行う」は、make/do a presentation。
㉗ book は動詞で「〜を予約する」の意味。
㉘ We talk via videoconference with 〜と言うこともできる。

chapter 4 Working at the Office

31 外回りの営業をする
I make the rounds to sell the product.

32 [日帰りで]出張する
I go on a [one-day] business trip.

33 商品を売り込む
We market our merchandise.

34 接待をする
We entertain our customers.

35 [現場に]直行する
I go directly [to the site].

tips

㉜「出張する」はビジネスの場ではgo out of townとも言える。また、travelを使い、I travel three days a week on business.（週に3日は出張している）などと言うこともできる。

㉞customerは「品物を購入してくれる顧客」、clientは「仕事の依頼をしてくれる顧客」。

36 昼休みを取る
I take a lunch break.

37 化粧直しをする
I redo my makeup.

38 先輩を追い越して昇進する
I get promoted ahead of my senior.

39 営業成績優秀者として表彰される
I am commended for achieving excellent sales results.

40 単身赴任の辞令をもらう
I receive an official notification of appointment to transfer without my family.

㊱「昼食に行く」はgo out for lunch、「昼食に出ている[状態]」はbe out to lunchと言う。
㊳「昇進する」はget/receive a promotionとも言える。
㊵日本語では「単身赴任」とひとことで表せる語があるが、英語にはこれに相当する語がないので、このように説明しよう。

chapter 4 Working at the Office

1 この会社は風通しがいい社風だ。
The corporate culture here is one that fosters open communication.

2 仕事がたまってきたなあ。
My work has been piling up.

3 仕事がなかなかはかどらない。
My work is not progressing as much as I'd hoped.

4 まず、やることの優先順位をつけなきゃ。
First, I should set priorities for what to do.

5 なんか、今日は頭働かない。
I don't know why but my head is fuzzy today.

6 今日は上司もいないし、羽を伸ばそう!
The boss is out today. Let's relax!

corporate culture = 社内の文化、社風／foster = 〜を育成する

「社風」は corporate atmosphere/character でもよい。また「企業の透明性」は corporate clarity と言う。Our company focuses on corporate clarity.(うちの会社は企業透明性を重視している)。

---

pile up = 山積する、たまる

「山積みの書類」は a pile/heap/stack of documents と言う。First, I should begin with this pile of documents.(まずは、この書類の山をなんとかしないと)。

---

progress = はかどる、進行する／as much as 〜 = 〜と同じくらいの程度で

progress は名詞では「進捗状況」の意味。「プロジェクトの進捗状況はいかがですか？」は What's the progress on the project?、また progress を使わずに How's the project coming along? とも表現できる。

---

set priorities for 〜 = 〜に優先順位をつける

やるべきことの優先順位があいまいで優柔不断な人に対しては、Get your priorities straight.(自分のやりたいことを見きわめなさい)と助言することもある。

---

fuzzy = ぼやっとしている、不明瞭な

「頭がはっきりしない」は I have a stuffy head. や My head isn't clear today. とも言う。また、My brain is out to lunch.(頭がランチタイム中)という表現もある。

---

be out = 外出している／relax = くつろぐ、緩む

ちなみに「鬼の居ぬ間に洗濯」は英語では When the cat's away, the mice will play.(猫がいないとネズミが暴れる)と表現する。

chapter ❹ Working at the Office

7 なんでこんな単純な作業にそんな時間がかかるの！
How can you spend so much time doing such a simple task?

---

8 もう新入社員じゃないんだから、いい加減覚えてよ。
You're not a new recruit any more so you should know how to do it by now.

---

9 丁寧な仕事ぶりはいいんだけどねえ……。
The fact that he does his job carefully is a good thing, but ...

---

10 今忙しいから後にしてもらえる？
I'm tied up right now. Would you ask me later?

---

11 フロア中に響く声で電話しないで。
Don't talk over the phone in such a loud voice that everyone on the floor can hear you.

---

12 君はスケジュール感覚がないよね。
You have no sense of scheduling, do you?

How can you ~ ? = どうして〜できるのか？／task = 仕事、タスク

How can you ~ ? は状況によっては怒りやいら立ちを表す。spend +（時間）+ -ing で「〜するのに（時間）を費やす」。We spent two hours discussing the project.（そのプロジェクトを検討するのに２時間費やした）。

[new] recruit = 新入社員／how to do it = それをどうやるか／by now = そろそろ

「[うんざりして] いい加減にして」という気持ちは You never give me a break.（本当、息をつく暇もないわ）、または Quit wasting my time.（俺の時間を無駄にしないでくれ）と言って表せる。

---

carefully = 注意深く／a good thing = 良いこと

The fact that S + V is ~ は、「S が V することは〜」というフレーズ。例文は It is ~ that S + V の形を取って、It is a good thing that he does his job carefully, but ... と言い換えることができる。

---

be tied up = 手がふさがっている、忙しい／right now = 今は、目下のところ

be tied up はしばしば後に忙しい理由や場所が続く。I'm tied up with replying to e-mail now.（E メールの返信で今、手いっぱい）、We were tied up in a meeting all morning.（今日は午前中ずっとミーティングで忙しかった）など。

---

over the phone = 電話で

that 以下は自動詞 carry（伝わる、響く）を使って that carries throughout the floor とも言える。Please be quiet here. Sound carries.（音が響くので、ここでは静かにしてください）。

---

sense = 感覚

a sense of ~ で「〜に対する認識、〜感」。no sense of ~ はその反対（〜感がない）を表す。manage（〜をうまく扱う）を使って、You don't manage time very well.（時間を上手に使わないんだね）と言ってもよい。

chapter ❹ Working at the Office

13 やばい！ アポをダブルブッキングした。
Oh, my gosh! I've got two appointments double-booked.

14 今日は英語のプレゼンだから、緊張するなあ。
I have a presentation to make in English. I'm so nervous.

15 今月の営業成績、トップが取れそうだ。
I think I'll be top in the sales performance ranking for this month.

16 スミスさんが大口契約を取ったらしい。
They say Mr. Smith got a big contract.

17 デスクワークは肩が凝るなあ。
Desk work definitely gives me a stiff neck.

18 パソコンで目が乾燥する。
Working on a computer makes my eyes dry.

get ~ double-booked = ～をダブルブッキングする／appointment = 約束、予約

<u>Oh, my gosh!</u>/<u>Gosh!</u> は <u>Oh, my god!</u> / <u>God!</u> の婉曲表現で驚きや不快感を表す。女性はよく Oh, my goodness! を使う。気軽に神（God）の名を出すのが不敬であるとされるため、gosh や goodness が好まれる。

---

presentation = プレゼン、発表／nervous = 緊張した

「緊張状態」を表す表現としては、get butterflies in one's stomach（あがっていて落ち着かない）、get cold feet（緊張しておじけづく）、on the edge of one's chair（はらはらして手に汗握る）などがある。

---

sales performance = 営業成績／ranking = 順位、ランキング

「営業成績優秀につき特別ボーナスが与えられる」は I am awarded a special bonus for superior sales performance.。なお、「営業マン、営業担当者」は sales <u>rep</u>/<u>representative</u> と言う。

---

contract = 契約 cf. <u>close</u>/<u>place</u> a contract(=make a bargain)=契約を結ぶ

「契約を結ぶ」についてはほかに、契約時の動作から strike hands on the bargain（その契約で手を打つ＝契約が成立する）という表現もある。

---

desk work = デスクワーク、事務／definitely = 間違いなく、確実に／stiff neck = 肩こり

「肩こり」は stiff shoulders とも言うが、実際に凝っているのは肩ではなく首の場合が多いので neck を使うことが多い。feel stiff around the neck、feel tense around the neck も同じ意味。

---

work on ~ = ～で作業する

「パソコンを見つめ過ぎて疲れ目になる」は I get eye strain from staring at the computer screen.、「2時間ごとに目薬を差す」は I apply eye drops every two hours. と言う。

chapter ④ Working at the Office

19 寒い(暑い)！　エアコン(暖房)効き過ぎじゃない？
It's cold(hot) in here. Isn't the air conditioner(heat) a little too strong?

---

20 またファクスが紙詰まりしてるし。
The fax machine paper got jammed again.

---

21 この資料はカラーで出しておかないと。
This document has to be printed in color.

---

22 ファクスの不達通知に気づかなかった。
I didn't know we'd received a non-delivery notice.

---

23 社長、それ、この前おっしゃってたことと違うんじゃないですか？
Excuse me, sir. Isn't it a bit different from what you told us the other day?

---

24 今のはセクハラすれすれの発言じゃない？
What he just said is a little too close to sexual harassment, isn't it?

air conditioner = エアコン

「なんで彼らは毎日エアコンをガンガンにかけるの？」は Why do they crank up the air conditioner every day?、「エアコンをガンガンにかけて働く」は We work with air-conditioner blasting. と言う。

---

get jammed = [紙などが]詰まる

jammed は形容詞で「ぎっしり詰まる」という意味。例文以外にも、The street is jammed with cars.（通りは車で渋滞している）、The show is jammed with people.（そのショーは人でごった返している）などのように使う。

---

document = 資料、文書、書類／in color = カラーで

「白黒で」は in black and white だが、「黒白」という順番になることに注意。We should print materials in black and white since it costs less.（コストが安く済むから白黒でコピーすべきだよ）。

---

receive = ～を受け取る／non-delivery notice = 不達通知

we'd は we had の短縮形。「知った(knew)」という過去の時点ですでに完了していた動作なので、過去完了形を使う。会話では had と言わず 'd と発音するので、聞き取りにくい。

---

a bit = ちょっと、少し／different from ~ = ～と違う／the other day = 先日

アメリカでは社長に Mr. President と呼び掛ける場合もあるが、目上の男性には Sir、女性には Ma'am で呼び掛けるのが一般的。

---

close to ~ = ほぼ～、～とすれすれ／sexual harassment = セクハラ／harassment = 繰り返し悩ませること、嫌がらせ

同僚に対して「セクハラ的な発言にもっと注意した方がいいよ」と言うなら You should be more sensitive about sexually discriminating statements.。discriminating は「差別的な」。

chapter ❹ Working at the Office

25 上司にはさからえないんだよな。
I'm at the boss's beck and call.

26 ちょっと上司に相談してみよう。
I'll go have a little talk with my boss.

27 課長ときたら必要なときに限っていないんだから！
The chief is never in when he's needed!

28 急に残業しろなんて、今日は予定があるのに。
They're asking me to work overtime now? I have plans for tonight.

29 毎日サービス残業だよ。
I work overtime without pay every day.

30 これもお金のため。割り切って働こう。
Let's just think about the money and get down to work.

at someone's beck and call = 人の言いなりになっている／beck = 手招き／call = 呼び出し

「〜の言いなり」は、Mr. Farmer is under his boss's thumb.（ファーマーさんはボスの言いなりだ）、「ゴマすり」は Bill is a brown-noser.（ビルはゴマすり／ご機嫌取りだ）などと言う。

---

go have = go and have（goやcomeの後のandはよく省略される）／**have a talk with ~** = 〜と相談する

「〜と相談する」は have a word を使い、May I have a word with you?（ちょっとお話してもよろしいでしょうか？）としてもよい。have words with ~ だと「〜と口論する」の意味になるので注意。

---

chief = 課長／**be in** = 出社している、在席している

電話で「稲井は席を外しております」は I'm sorry, Mr./Ms. Inai is not at his/her desk.、「病欠しております」は Mr./Ms. Inai is off sick today. のように言う。

---

ask ~ to ... = 〜に…するよう頼む／**work overtime** = 超過勤務する、残業する

overtime は「残業」。overwork（過労）との混同に注意。「残業手当」は overtime allowance、「残業手当は支払われない」は I'm not paid extra for overtime. などと言う。

---

without pay = 支払いなしで、無賃金で

和製英語の「サービス」は「無料の、安売りの」という意味を含むが、英語の service にはそのような意味がないので、直訳できない場合が多い。「このデザートはお店のサービスです」は This dessert is on the house. と言う。

---

get down to ~ = 〜に取りかかる

ビジネスで世間話（small talk）の後、「さて、本題に入りましょうか」と言う場合は Let's get down to business. または Let's get down to brass tacks. などと言う。brass tacks の原義は「真ちゅう製の鋲」で、「事実、核心」の意味となる。

chapter ❹ Working at the Office

31 これは経費で落とせるのかな？
Can we put this down to expenses?

32 いかん！　睡魔が！　昼ごはん食べ過ぎたかな。
Yikes! I'm feeling drowsy! Maybe because I had a heavy lunch.

33 有休はまだ3日残ってるな。
I have three more paid holidays.

34 夕方には、化粧が崩れてる。
My makeup wears off by evening.

35 今日は定時で上がろう。
Let's try and leave the office on time today.

36 辞めることばっかり考えないで、とりあえず今の仕事を頑張ったら？
Why don't you stop thinking about quitting and just stick to your current job?

put ~ down to expenses = ～を経費で落とす cf. reduce / cut down on expenses=経費削減する/pad an expense account=必要経費を水増しする/be on the company=会社の経費で落ちる

---

drowsy = 眠い／heavy lunch = ボリュームのある昼食

drowsy は sleepy（眠たい）よりも強い眠気を表す形容詞。I always get drowsy after lunch.（昼食後は必ず睡魔に襲われる）、The afternoon meeting induces drowsiness.（午後の会議は眠気を催させる）。

---

paid holiday = 有給休暇

「有休」に関する表現には、carry over unused paid holidays（使っていない有休を繰り越す）、use up one's paid holidays（有休を消化する）などがある。

---

wear off = 徐々に落ちる、消える／by evening = 夕方までには

例文は My makeup comes off by evening. とも言うことができる。「化粧を直す」は fix/redo one's makeup、「化粧を落とす」は take off one's makeup と言う。

---

leave the office = 退社する、帰宅する／on time = 時間どおりに

日々の日課に関して「時間どおりに」は on time（e.g. I come in on time.: 定時に出社する）、特別なイベントなどに「間に合って」は in time（e.g. I made it in time for the show.: ショーに間に合った）を使う。

---

stop -ing = ～するのをやめる／quit = 仕事を辞める／stick to ~ = ～をあきらめずにやる／current job = 現在の仕事

How about ~? や What about ~? は「軽い提案」を意味するのに対し、Why don't you ~? は「～したらどう？」と相手に軽く助言する際に使う表現。

Skit 会社で仕事編

セクハラ対策、会議の準備――いろいろあります

Woman1: **I can't believe John said your skirt is too short.**
Woman2: **It's a little too close to sexual harassment, isn't it?**
W1: **Yes, it is. Besides[1], your skirt's not that short[2].**
W2: **Why did he have to say that today?** I have a presentation to make in English. I'm so nervous.
W1: **Have you** organized your material?
W2: **Yes, I did it all yesterday.** I prepared my materials and I'm going to distribute copies.
W1: **Is there anything I can do to help?**
W2: **Actually[3], this document has to be printed in color. Could you make 20 copies?**
W1: **No problem[4].** I have to attend a meeting at four, but there's **plenty of[5]** time before that.
W2: **Where is the meeting?**
W1: **Oh, I have to** book a room for the meeting. **Thanks for reminding[6] me.**
W2: **I still don't like what John said. I think** I'll go have a little talk with my boss.
W1: **I'm sure he'll be able to help. Say[7],** let's try and leave the office on time today. I'd like to go out for a drink[8].
W2: **OK!** I work overtime without pay every day. I think I deserve[9] a drink after today!

女性1：嘘でしょ、ジョンがあなたのスカートが短過ぎるって言ったなんて。
女性2：彼の発言って、セクハラすれすれじゃない?
女1：そうね。だいたい、あなたのスカートそんなに短くないし。
女2：あの男、なんでそれを今日言うわけ? 英語でのプレゼンがあるから、すごく緊張してるのに。
女1：資料はもうそろえた?
女2：ええ、昨日のうちに全部ね。資料は作ったからそのコピーを配るの。
女1：何か手伝えることある?
女2：実は、この書類はカラーで出さなきゃならなくて。20部コピーお願いできる?
女1：もちろん。4時に会議があるんだけど、その前だったら時間が十分あるから。
女2：**会議はどこでやるの?**
女1：そうだ、会議の部屋を押さえとかなきゃ。思い出させてくれてありがとう。
女2：ジョンの言ったことやっぱり頭にくるわ。ボスとちょっと話してくる。
女1：彼なら力になってくれるわよ。ねえ、今日は定時で上がりましょう。**一杯飲みたいわ。**
女2：オーケー! 毎日サービス残業だもの。今日はこの後、お酒ぐらい飲んでもいいわよね。

【語 注】

❶ besides: それに、その上
❷ not that short: それほど短くない
❸ actually: 実は
❹ No problem.: 大丈夫。。問題ない。
❺ plenty of ~ : 十分な~
❻ remind: ~に思い出させる
❼ say: ねえ、ところで
❽ go out for a drink: 飲みに行く
❾ deserve: ~を受けるに値する

Quick Check

本章に出てきたフレーズを復習しましょう。以下の日本語の意味になるよう
英文を完成させてください。答えはページの下にあります。

❶IDカードをタイムレコーダーに通す。 ➡P096
I ( ) my ID card ( ) a time recorder.

❷稟議書を回す。 ➡P100
We ( ) a *ringi*, an ( ) document for ( ).

❸外回りの営業をする。 ➡P102
I ( ) ( ) ( ) to sell the product.

❹先輩を追い越して昇進する。 ➡P103
I ( ) ( ) ( ) ( ) my senior.

❺この会社は風通しがいい社風だ。 ➡P104
The ( ) ( ) here is one that ( ) open ( ).

❻今忙しいから後にしてもらえる？ ➡P106
( ) ( ) ( ) right now. Would you ask me ( )?

❼やばい！ アポをダブルブッキングした。 ➡P108
Oh, my gosh! I've ( ) two ( ) ( ).

❽上司にはさからえないんだよな。 ➡P112
I'm ( ) ( ) boss's ( ) ( ) ( ).

❾これは経費で落とせるのかな？ ➡P114
Can we ( ) this ( ) ( ) ( )?

❿有休はまだ3日残ってるな。 ➡P114
I ( ) three ( ) ( ) ( ).

---

❶swipe/through ❷circulate/approval/decision-making ❸make/the/rounds ❹get/promoted/ahead/of ❺corporate/culture/fosters/communication ❻I'm/tied/up/later ❼got/appointments/double-booked ❽at/the/beck/and/call ❾put/down/to/expenses ❿have/more/paid/holidays

chapter 5 The IT Life
ITライフ

近年、ぐっと増えてきたのが
IT (Information Technology)に関する
用語や表現でしょう。
あらゆる年代の人々が日常的に
携帯電話で通話やメールのやりとりをしたり、
ネットで調べ物をしたりブログに書き込んだりと
ITを生活に取り込んでいます。
そんな時代にふさわしい表現をそろえました。

chapter 5 The IT Life

Words 単語編

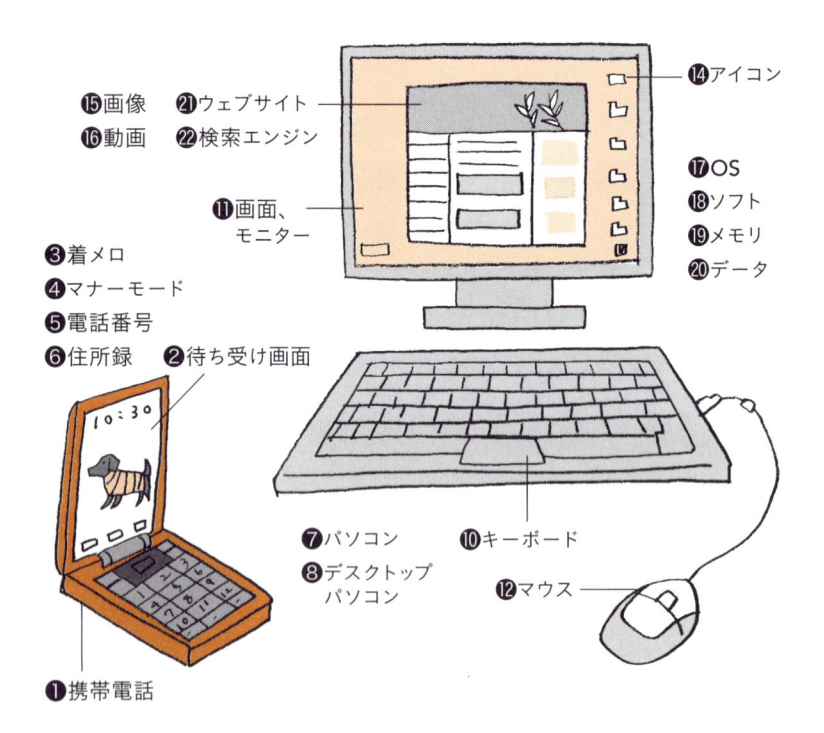

- ⑮ 画像
- ⑯ 動画
- ㉑ ウェブサイト
- ㉒ 検索エンジン
- ⑭ アイコン
- ⑰ OS
- ⑱ ソフト
- ⑲ メモリ
- ⑳ データ
- ⑪ 画面、モニター
- ❸ 着メロ
- ❹ マナーモード
- ❺ 電話番号
- ❻ 住所録
- ❷ 待ち受け画面
- ❼ パソコン
- ❽ デスクトップパソコン
- ❿ キーボード
- ⑫ マウス
- ❶ 携帯電話

❶cellphone ❷stand-by screen ❸ringtone ❹silent mode ❺phone number ❻address list ❼[personal] computer ❽desktop computer ❾laptop ❿keyboard ⑪monitor ⑫mouse ⑬USB

120

まずは、さまざまなものの名前で
「ITライフ」のシーンのイメージをつかもう。

㉓メール
㉔添付ファイル
⑨ノートパソコン ㉕迷惑メール

⑬USBメモリ

flash drive ⑭icon ⑮picture ⑯video ⑰OS(operating system)
⑱software ⑲memory ⑳data ㉑website ㉒search engine ㉓
e-mail ㉔attached file ㉕junk mail

chapter 5 The IT Life

1 機種変更する
I replace my cellphone with another model.

2 写メールして送る
I take a photo on my cellphone camera and send it.

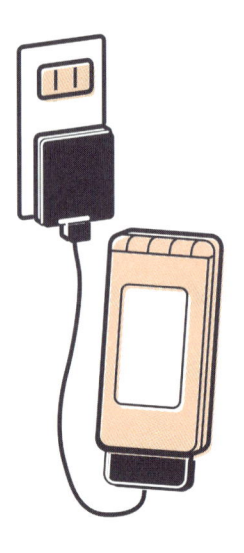

3 着メロをダウンロードする
I download a ringtone melody.

4 マナーモードにする
I set my cellphone to silent mode.

5 携帯に充電する
I recharge my cellphone.

tips

❶ replace A with B で「AをBと取り替える」。cellphone は mobile phone とも言う。
❷「写メール」に当たる英語はないのでこのように表現。
❸ ring（電話が鳴る）+tone（メロディー）からできた単語。「着うた」も ringtone に含まれる。

6 待ち受け画面を変える
I change the wallpaper on my cellphone.

7 赤外線通信でアドレス・電話番号の交換をする
I exchange addresses and phone numbers with the infrared function.

8 パソコンを立ち上げる
I start up my computer.

9 再起動する
I reboot my computer.

10 バックアップを取る
I make a backup copy.

❹JRの車内掲示(アナウンス)はPlease set your mobile phone to silent mode and refrain from talking on the phone.(マナーモードに設定の上、通話はご遠慮ください)となっている。
❻「待ち受け画面」はidle screen、stand-by displayとも。
❽「[パソコンを]起動する」は動詞bootも使われる。

chapter 5 The IT Life

11 ソフトをインストールする
I install the software.

12 ソフトをバージョンアップする
I upgrade the software.

13 メモリを増設する
I add more memory to my computer.

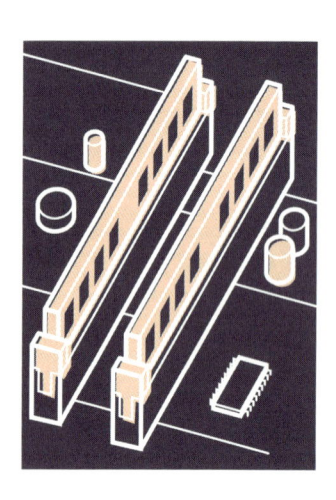

14 パソコンとプリンターをつなぐ
I connect the printer to the computer.

15 プリントアウトする
I print out the document.

tips

⓫ softwareは不可算名詞。複数形にはならない。
⓬「バージョンアップ」や「グレードアップ」は和製英語。英語ではどちらもupgradeと言う。
⓰「[データカード等を]初期化する」と言う場合はformatを使う。
⓱ OSはoperating system（基本ソフト）の略。

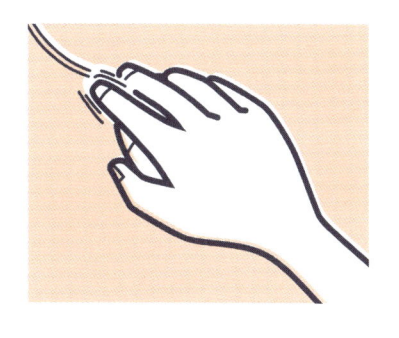

16 初期化する
I initialize the computer.

17 OSをアップデートする
I update the OS software.

18 ダブルクリックする
I double-click on the icon.

19 アイコンをドラッグ＆ドロップする
I drag-and-drop the icon.

20 壁紙を変える
I change the wallpaper on my computer.

❶ダブルクリックは2回クリックすることなので、click on the icon twice と言うことも可能。
❶ドラッグ＆ドロップとは、マウス操作によって、ファイルのアイコンなどを引きずって移動させ(drag)、別の場所で離す(drop)ことを言う。

chapter 5 The IT Life

21 画像をパソコンに取り込む
I scan a picture into my computer.

22 ウイルスに感染する
My PC gets infected with a computer virus.

23 USBメモリにデータを保存する
I save the data on my USB flash drive.

24 ファイルを圧縮する
I compress a file.

25 プロバイダと契約する
I sign up with an Internet service provider.

tips

㉒「ウイルスを駆除する」は I rid the computer of the virus.。
㉓ USB は Universal Serial Bus の略。会話では memory stick とも。
㉔「ファイルを解凍する」は I decompress/unzip the file.。
㉕「〜に参加登録する」は sign up with 〜、「[サービスなどに]申し込む」は subscribe to 〜、「[契約書を交わして]〜と契約する」は contract with

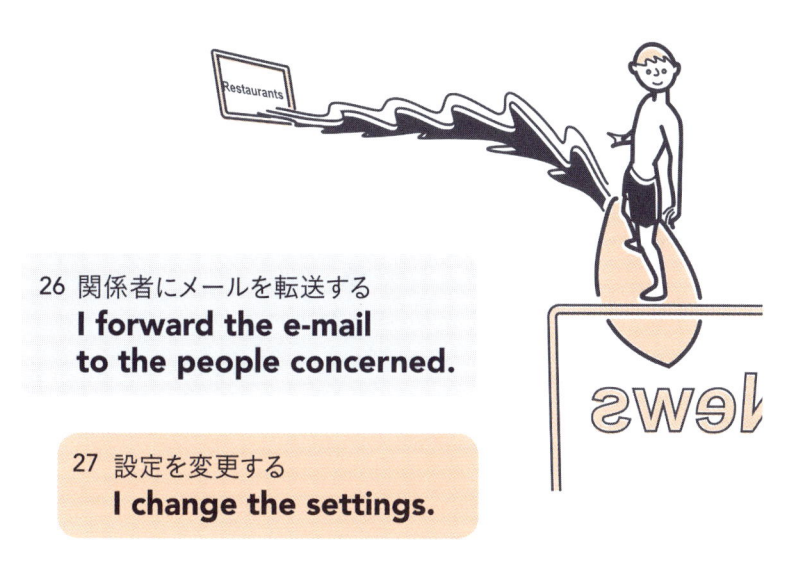

26 関係者にメールを転送する
I forward the e-mail to the people concerned.

27 設定を変更する
I change the settings.

28 自分のウェブサイトを作る
I create my own website.

29 ネットを閲覧する
I browse the Internet.

30 ブックマークする
I bookmark the site.

~。
㉖ concerned は名詞(everyone など)を後から修飾する形容詞。
㉙ browse は「[本屋などで]立ち読みする」の意味も。「ネットサーフィンする」は surf websites、surf the Internet など。
㉚ I have the site bookmarked. でもよい。

chapter 5 The IT Life

31 チャットする
I have a chat on the Internet.

32 サーチエンジンでウェブを検索する
I look for some websites with the search engine.

33 ブログにリンクを張る
I provide a link on my blog.

34 ネットで調べ物をする
I do some research on the Internet.

35 掲示板に書き込みをする
I post a message on an online discussion board.

tips

㉛ I chat on the Internet. でもよい。
㉜ 代表的なサーチエンジンであるGoogleはそのまま動詞としても使われる。I <u>Google</u> / <u>do a Google search for</u> the word.(その単語をGoogleで検索する)。
㊱ blogはweb(ウェブ上の)+log(記録、日誌)からきた造語。

36 ブログを立ち上げる
I launch my own blog.

37 トラックバックする
I put a trackback link to another blog in my post.

38 レスをつける
I respond to a message.

39 メールで添付ファイルを送る
I send an e-mail attachment.

40 添付ファイルを開く
I open an attached file.

㊲トラックバックの仕組みはMy blog automatically notifies another blog about my new entry and a link to my entry will appear in that blog.(私のブログはほかの人のブログに自動的に新しい書き込みを知らせ、そのブログに私のブログへのリンクが現れる)と説明することができる。

chapter ❺ The IT Life

1. 携帯の料金プランって、分かりにくい。
   Cellphone rate plans are hard to understand.

2. この携帯、いろんな機能があるらしいけど、全然使いこなせてない。
   I know this cellphone has various functions, but I can't make full use of them.

3. 地下だから圏外になっちゃってる。
   My cellphone is out of service now because I'm in the basement.

4. 最近はどこでも電波が入るようになったな。
   Cellphones can get a good reception anywhere these days.

5. 携帯は電話とメールができれば十分。
   Any cellphone will do, as long as I can make calls and send e-mail.

6. 会議中に着メロが鳴って焦った。
   I was embarrassed when my ringtone sounded during the meeting.

cellphone(=cellular telephone / mobile telephone) = 携帯電話／rate = 料金、値段

hard to understand（理解するのが難しい）は confusing（混乱させるような）、complicated（複雑な）という意味なので、例文は Cellphone rate plans are confusing/complicated. と言い換えることもできる。

---

various = さまざまな／function = 機能／make full use of ~ = ~をフル活用する

make use of ~ は「~を活用する」の意。make good use of ~（~をうまく活用する）、make best use of ~（~を最大限に活用する）、make bad use of ~（~を悪用する）など形容詞がつくことも多い。

---

out of service = [携帯電話]サービス圏外／basement = 地下

「携帯電話サービス圏外」は out of range とも言う。Most cellphones used to go out of range in the subway.（以前は、ほとんどの携帯は地下鉄では圏外になっていた）。

---

reception = [電波の]受信状態／anywhere = どこでも／these days = この頃

reception は動詞 receive（~を受け取る）の名詞形で「受信」を意味する。The reception level should be very good because there're three bars showing on the screen.（アンテナが3本現れているので、受信レベルはとても良いはず）。

---

do = とりあえず用が足りる／as long as ~ = ~である限り／make a call = 電話をかける

will do は「目的を果たす、役に立つ」。will は can に置き換えられる。A pen and paper will do to attend the meeting.（会議に参加するにはペンと紙だけあればよい）。

---

be embarrassed = 恥ずかしい、気まずい思いをする／ringtone = 着メロ、着うた

「[恥ずかしくて]穴があったら入りたかった」に当たる表現は、I could have crawled under the rug.（敷物の下に這って入りたかった）。

chapter ❺ The IT Life

7 携帯落としちゃった！ 住所録がパーだ。
I've lost my cellphone! My address list is gone as well.

8 デート中に自分のケータイばっかり見てるカップルってどうなの？
What is it with that couple? Each staring at their own cellphone so often on a date.

9 定額制にしていないのに動画をたくさん見ちゃった。
I watched a lot of videos without using the unlimited download package.

10 このソフト、私のパソコンの古いOSで使えるかな？
Is this software compatible with my old OS?

11 それ、Mac非対応だよね？
That's not Mac-compatible, is it?

12 新しいOSが出たけど様子見でまだ買わないでおこう。
I know a new OS is hitting the market, but let's wait and see if I should buy it.

be gone = 行ってしまう(つまり「失ってしまう」) ／ as well = その上、おまけに

例文の後半はほかにも My address list was ruined.(住所録が台無しになった)、My address list went down the drain.(住所録がすべておじゃんになった)などと言い換えることができる。go down the drain の直訳は「排水管に流れ込む」。

---

stare at ~ = ～を見つめる ／ on a date = デート中に

What is it with ~ ? は「～はどうなのか、どうしたのか？」という意味。What is it with you? は「大丈夫か？」。What's up with ~ ?(～はどうなっているのか？)なども類似表現。

---

unlimited download package = 定額制ダウンロードプラン

「定額制」は unmetered、fixed-rate とも言う。The cellphone carrier offers unmetered downloads for Internet games.(その携帯電話会社はオンラインゲームの定額ダウンロードを提供している)。

---

be compatible with ~ = ～と互換性がある

反対に「～と互換性のない」は be incompatible with ~。Unfortunately, the software is incompatible with my computer.(残念ながら、そのソフトは私のパソコンと互換性がない)。

~-compatible = ～と互換性のある、～対応の

「互換性」は compatibility 。This software doesn't work well on my computer due to a compatibility problem.(互換性に問題があるため、このソフトは私のパソコンでは作動しない)。

---

hit the market/marketplace = 市場に出回る ／ wait and see if ~ = ～かどうか様子を見る

market(市場)を使った類似の表現には、go on the market(売りに出される)がある。The new product will go on the market in April.(その新製品は4月に売りに出される)。

chapter ⑤ The IT Life

13 立ち上がりが遅くてイライラする。
The computer makes me frustrated because it takes so long to boot.

14 また固まっちゃった！
It keeps freezing!

15 私のパソコン、動画を見るとすぐ落ちちゃう。
My computer automatically shuts down the moment I play a video.

16 このタッチパネル、ききが悪い。
This touchscreen is not sensitive enough.

17 ソフトを一度にたくさん立ち上げ過ぎだよ。
You're running too much software at once.

18 ウイルス対策ソフトを入れたら、動きが遅くなっちゃった。
My computer became slower after installing anti-virus software.

make ~ frustrated = 〜をイライラさせる／boot = [機器などが]立ち上がる
「長い時間がかかる」を強調したい場合は forever（長い間）を使って、It takes forever to boot.（立ち上がるのに大変な時間がかかる）と言うことができる。

---

keep -ing = 繰り返し〜し続ける／freeze = [パソコンが]フリーズする
It's frozen again! とも言い換えられるが、例文の方が「いつも〜している」という意味が強調される。

---

shut down = [パソコンの]電源が落ちる、停止する／the moment ~ = 〜したとたん
the moment S + V の the moment は「S が V したとたん、するやいなや」という意味を表す接続詞。the moment 以降は ... as soon as I play a video と言い換えられる。

---

touchscreen = タッチパネル／sensitive = 反応の良い
sensitive は「良く反応する、区別できる、敏感な」という意味。This screen is touch-sensitive.（このスクリーンはタッチに反応します）。

---

run ~ = 〜を実行する、起動させる／software = ソフト(不可算名詞)／at once = 同時に
過去分詞の run を名詞の後につけると「〜起動の」という形容詞になる。battery-run laptop（バッテリー駆動のノートパソコン）。~-driven（〜駆動の）も同じ意味を持つ。motor-driven vehicle（モーター駆動の乗り物）。

---

install = 〜をインストールする／anti-virus software = ウイルス対策ソフト
install は「[アプリケーションソフトを] インストールする」という意味で最近よく使われるが、元来「〜を備え付ける」という意味。A new air-conditioner will be installed in our office this week.（今週、新しいエアコンが備え付けられる予定です）。

chapter ❺ The IT Life

19 これ、インストールしても、不具合起きたりしないよね？
I hope there'll be no software glitches after installing this.

20 もう空き容量がないの?!
Gee! Isn't there any space left on my computer?!

21 メモリを増やしたら、さくさく動いて快適〜！
With additional memory my computer runs very smoothly. Not frustrating at all!

22 最近は分からないことがあってもすぐ検索して調べられるから便利だ。
These days, I can type in anything I wish to search for right away. How convenient!

23 検索して疑問がすぐ解決しても、その後頭に残らないんだよ。
Even after my question has been cleared up by Googling, I seldom remember the answer.

24 ネットで申し込むと安上がりだ。
It's cheaper if you apply online.

glitch =[機器の]誤作動、異常

glitch には「[計画の] 障害、問題」という意味もある。 e.g. There was a small glitch with the shipment and I haven't received my order yet.（発送にちょっとした問題があって、まだ注文した物を受け取っていない）。

Gee! = おやおや、ちぇっ／leave = 〜を残しておく

Gee! は「おや、参った」という意味の驚きや落胆を表す間投詞。Jesus! は God! などと同様、強い表現なので、その代わりに同じ音（ジー）を持つ Gee! が使われる。

---

additional = 増設の／run = [プログラムなどが]作動する／smoothly = スムースに、さくさくと／frustrating = イライラさせる／not at all = まったく〜でない

with 〜 は「〜を得たので」という意味の前置詞。With this laptop, I can check my e-mail anywhere.（このノートパソコンがあれば、どこでも E メールのチェックができるぞ）。

---

wish to 〜 = 〜したいと思う／right away = 即座に／convenient = 便利な

wish は他動詞だと現実には不可能なことへの願望を意味する（e.g. I wish I were a native speaker of English.）が、自動詞 wish to〜 は単純に「〜したいと望む」という意味（e.g. I wish to learn English.）。

---

clear 〜 up = 〜を解決する／Google（動詞）= [Googleを使って]検索する／seldom = めったに〜ない

Google は検索エンジンで有名な会社の名前だが、最近では一般動詞化しており、google のように頭文字は小文字で綴られることもある。Why don't you google it on your PC?（それパソコンでググってみたら？）。

---

apply = 申し込む／online = オンラインで、ネットで

online は online shopping（オンラインショッピング）など名詞の前に付く形容詞として用いられることが多いが、buy(order) online（ネットで買い物する［注文する］）など副詞としても使用される。

chapter 5 The IT Life

25 お〜！　YouTubeにお気に入りのバンドの新しい動画がアップされてる！
Wow! A new video from my favorite band has been uploaded onto YouTube!

---

26 SNSは人間関係が面倒だなあ。
Keeping up <u>my</u>/<u>the</u> relationships on social networking services is a pain.

---

27 ミクシィで昔の友達と再会したよ。
I met an old friend of mine again on the Mixi site.

---

28 ネットで知り合った人と実際に会ってみたら、想像してた人と全然違った。
I met a guy I got to know on the Net, but he was completely different than what I'd imagined.

---

29 これ、ブログのネタにしよう。
This might be a good blog entry.

---

30 このブログ炎上しちゃってる。
This blog is in a flame-war.

video = 動画／upload ~ onto... = 〜を…にアップ[ロード]する
cf. download~from the Internet=〜をインターネットからダウンロードする
「ビデオを撮る」は shoot videos、「カメラ付き携帯電話」は camera phone または camera-equipped cellphone。

---

keep up ~ = 〜を維持する／social networking service = ソーシャル・ネットワーキング・サービス(ネットを介して社会的な輪を広げるサービス)／pain = 悩みのたね、面倒くさいこと
pain を使った表現として What a pain!（めんどくさい！）、It's a pain in the neck taking three trains there.（そこに行くのに電車を2回も乗り換えるのがめんどくさい）など。

Mixi = ミクシィ(日本のSNSの一つ)
英語では冠詞（a、an、the）と所有格（my、your など）を続けて使えないので、「私の旧友の一人」という場合は、a my old friend ではなく an old friend of mine となる。

---

get to do = 〜するようになる
get to ~ は「〜するようになる」以外にも、会話では「〜するチャンスを得る」という意味でよく使われる。If you apply now, you get to try our new product for free.（今申し込めば、無料で当社の新製品を試すチャンスがあります）。

---

blog entry = ブログの見出し、項目、記事
might は「〜の可能性がある」という意味の助動詞。例文は I'm going to use this for my blog entry. とも言い換えられるが、might を使うことでそれよりも可能性・推量のニュアンスが強くなる。

---

flame-war = [ネットの掲示板やブログのコメント欄での]ののしり合い
他動詞の flame（[電子掲示板や個人ブログなどで] 〜を厳しく攻撃する）を使って All the commenters on this blog are flaming each other now. とも言える。

chapter ❺ The IT Life

31 ネットがつながらない。アクセスが集中してるんだな！
I can't get a connection to the website. There must be a million people <u>accessing it</u> / <u>trying to access it</u>!

---

32 このサイト、重すぎる。
This site is too heavy [to browse].

---

33 課長のメール、また文字化けしちゃってるんですけどぉ。
This e-mail from the chief has garbled characters again.

---

34 うわっ、間違って迷惑メール開けちゃった。
Oops, I've opened some junk mail by mistake.

---

35 1週間パソコン立ち上げなかったら、メールがたまっちゃって大変。
I didn't use my computer for a week, so it's going to be a big job to answer all the e-mails that piled up meanwhile.

---

36 この添付ファイル、容量大きすぎ。
This attachment file takes up a lot of memory.

get a connection to ~ = ~に接続する／access=~にアクセスする、接続する
must は「~に違いない」の意味の助動詞。後半は、Definitely a great number of people are accessing it.（間違いなく多数の人がアクセスしている）とも言える。

---

site (= website)=ウェブサイト／browse = ［ウェブページを］見る
too ~ to ... は「とても~なので…できない」を表す。例文は This site is so heavy that I can't browse it easily.（このサイトはとても重いので容易に見られない）と言い換えることもできる。

---

chief = 課長／garble = ~を文字化けさせる／character = 文字
「文字化けしている文字」は funny/weird character でもよい。ちなみに「［主語や動詞などが］でたらめの」は jumble、mix up を使い、The sentences are all jumbled / mixed up.（文章がでたらめだ）と言う。

---

junk mail = 迷惑メール／junk = くず、ガラクタ／by mistake = 誤って
「［宣伝・勧誘を目的とした］迷惑メール」は spam [mail/message] とも呼ばれる。block spam e-mails（迷惑メールを阻止する）、delete spam messages（迷惑メールを削除する）。また spam を動詞として使い get spammed（迷惑メールを送られる）という表現もある。

---

pile up = たまる／meanwhile = その間に
ここでの job は「大変なこと」という意味だが、実際に使う場合は、big などの形容詞を付けないとこのニュアンスは出ない。相手の話に「大変ですね」と同情するときは It's a real/terrible job. と言う。

---

attachment file = 添付ファイル／take up ~ = ［場所などを］占める
「~を添付いたします」という E メールでのビジネス表現は、動詞の attach を使う。Attached is the itinerary for your trip.（お客さまの旅行の日程表を添付いたしました）。

chapter 5 The IT Life

37 このメルマガ、登録は簡単なのに、解除はすごくめんどくさい。
While it's easy to sign up for this free e-mail publication, it's a real pain to cancel it.

---

38 ゲ！　キーボードにお茶こぼしちゃった。
Oops! I spilled tea on the keyboard.

ブログにまつわる表現集

ブログで心のつぶやきをつづる人は多い。
以下の表現を使って広い世界に発信してみよう。

ブロガーからのお知らせやメッセージ

告知

ブログ始めました。**I've started writing a blog.**

日々思ったこと、感じたことなどを徒然つづってまいります。
I'll be writing what I think and how I feel every day.

この度、私のブログが書籍化されることになりました。
So, it turns out that my blog has been picked up for publication.

しばらくこのブログをお休みすることにしました。
I've decided to close down this blog for the time being.

sign up for ~ = ～に登録する／free e-mail publication = 無料のEメールでの出版、メルマガ（e-mail magazineはあまり一般的でない）

it's a pain to ~ は（〜するのは面倒くさい、手間がかかる）の意味。会話で「めんどくさいなぁ」は It's a pain.、または What a <u>bother</u>/<u>drag</u>. などと言う。

Oops! = しまった！／spill = こぼす

Oops!（おっと、しまった）は何か失敗をしたときや驚いたときに発する間投詞。英語ネイティブであれば自然と口に出る言葉だが、英語学習者が使うには相当な意識が必要。

日々のあいさつ・メッセージ

訪問ありがとうございます。 **Thanks for visiting.**

たくさんの書き込みありがとうございます！
Many thanks for the many comments!

トラックバックありがとうございます。
Thanks for trackbacking your blog to mine.

また遊びに来てくださいね。 **Please feel free to visit anytime.**

コメントお待ちしてまーす。 **Please leave some comments!**

携帯から更新してます。
I'm updating my blog on my cellphone.

旅［出張］先からの更新です。
I updated this page during my [business] trip.

更新が遅れてすみません。 **Sorry for my delayed update.**

chapter 5 The IT Life

日々のあいさつ・メッセージ

しばらく更新してなくてごめんなさい。
I'm sorry I haven't updated my blog for so long.

10000人目のキリ番は○○さんでした。
○○ got the nice round number of 10,000.

●●さんのブログものぞいてみてね。
Please visit ●●'s blog, too.

祝！　訪問者数10000ですね！（訪問者から）
Congrats! You've gotten 10,000 views.

事務的なこと

リンクフリーですが、リンクを張る場合は、
ひとことご連絡をいただけるとうれしいです。
**Feel free to link this page to yours,
but please let me know before you do.**

トラックバック大歓迎。
Trackbacking to my website is always welcome.

新着ブログはこちら。**Click here for new blog entries.**

ブログランキングに参加しています。クリックお願いします。
**This site is participating in a blog popularity survey.
Please click here.**

禁止事項

荒らしはご遠慮下さい。　**No trolling or flaming, please.**

無断転載はお断りです。著作権は〜に帰属しています。
**Do not reproduce without permission.
All copyright belongs to 〜.**

禁止事項

昨日ここに書いた事は、事情があって、削除いたしました。
The comment I made yesterday has been deleted for certain reasons.

トラックバック禁止。 **No trackbacking.**

しばらくコメント受付を停止します。
I will not be accepting any comments for a while.

ブロガー独白

久しぶりの更新だ。
It's been a while since I last updated my blog.

なかなか訪問者数が増えないなあ。
How come the number of visitors to my blog is still so small?

検索ヒット率を上げるにはどうしたらいいんだろう。
What should I do to raise my <u>search-engine ranking</u> / <u>googlability</u>?

訪問者独白

このブログおもしろいなあ。 **This blog is sooo interesting!**

うわあ、マメに更新してるなあ。
Wow! Look how often this guy updates his blog!

もっと行替えしてほしいな。 **I wish he would insert more line feeds.**

このフォント、読みにくい！ **This font isn't reader-friendly!**

Skit　ITライフ編

もしも前世紀の遺物にパソコンを教えたら……

Man1: **My computer is making me crazy①! It keeps freezing up, so I just turned it off②.**

Man2: **What OS are you using?**

M1: **Windows 98. I guess it's a little out of date③.**

M2: **A little? You're a dinosaur④. You need to upgrade your software.**

M1: **How do I do that?**

M2: **I'll show you⑤. Did you make a backup copy of your documents⑥?**

M1: **Uh ...**

M2: **Unbelievable. Start up your PC. Now save your data on this USB flash drive. You'd better copy your address book too.**

M1: **My what?**

M2: **Were you born yesterday⑦? Drag and drop the icon here.**

M1: **What's an icon?**

M2: **I'm not even going to answer that. Now put in⑧ this CD. Click here to install the software. Then reboot your PC.**

M1: **My computer wears boots?**

M2: **Don't be silly. Gee, there isn't any space left. What files do you have on here?**

M1: **Everything. I haven't deleted⑨ anything since I got this computer.**

M2: **Delete all this old stuff⑩ and clear out⑪ your e-mail.**

M1: **Oops! I spilled tea on the keyboard.**

M2: **I don't know how you survive⑫ in this office ... or in this century!**

男性1：僕のパソコン、ほんと頭にくる！ 固まってばっかりだから電源切ったよ。
男性2：OSは何なの？
男1：ウィンドウズ98だよ。いささか時代遅れだとは思うけど。
男2：いささかどころか、君は太古の恐竜だよ。ソフトをアップグレードしなきゃ。
男1：どうやるの？
男2：教えてやるよ。書類のバックアップコピーは取った？
男1：えっと……
男2：嘘だろ。PCを立ち上げて。データをこのUSBメモリに保存して。君の住所録もコピーしといた方がいいな。
男1：僕の何だって？
男2：君は赤ん坊か？ アイコンをドラッグ&ドロップして。
男1：アイコンって何？
男2：もう答える気にもならないよ。さあ、このCDを差し込んで。ここをクリックしてソフトをインストールする。それからPCを再起動（リブート）して。
男1：僕のコンピューターはブーツを履いてるのかい？
男2：ふざけるな。ああ、空き容量がないじゃないか。どんなファイルを保存してるんだ？
男1：ありとあらゆるもの。このコンピューターが来て以来、何にも捨ててないよ。
男2：この古いのを全部捨てて、Eメールも空にして。
男1：ゲッ！ キーボードにお茶こぼしちゃった。
男2：君、この会社でよくやってこれたね……いや、この21世紀で！

【語注】

❶ make ~ crazy: ~をイライラさせる
❷ turn ~ off: ~の電源を切る
❸ out of date: 時流に遅れている
❹ dinosaur: 時代遅れの人（原義は「恐竜」）
❺ I'll show you.: 教えてあげるよ。
❻ document: 書類
❼ be born yesterday: 無知な、ばかな（原義は「昨日生まれた」）
❽ put in ~: ~を差し込む
❾ delete: ~を削除する
❿ stuff: 価値のないもの、がらくた
⓫ clear out ~: ~の中身を捨てる
⓬ survive: 生き残る、なんとかやっていく

Quick Check

本章に出てきたフレーズを復習しましょう。以下の日本語の意味になるよう
英文を完成させてください。答えはページの下にあります。

❶マナーモードにする。 ➡P122

I ( ) my cellphone to ( ) ( ).

❷初期化する。 ➡P125

I ( ) the computer.

❸関係者にメールを転送する。 ➡P127

I ( ) the e-mail to the people ( ).

❹サーチエンジンでウェブを検索する。 ➡P128

I ( ) ( ) some websites with the ( ) ( ).

❺地下だから圏外になっちゃってる。 ➡P130

My cellphone ( ) ( ) ( ) ( ) now because ( ) ( ) ( ) ( ).

❻定額制にしていないのに動画をたくさん見ちゃった。 ➡P132

I ( ) a lot of videos ( ) ( ) the ( ) ( ) ( ).

❼それ、Mac非対応だよね? ➡P132

That's not ( ), ( ) ( )?

❽立ち上がりが遅くてイライラする。 ➡P134

The computer ( ) me ( ) because it ( ) so long to ( ).

❾ネットで申し込むと安上がりだ。 ➡P136

It's cheaper ( ) you ( ) ( ).

❿1週間パソコン立ち上げなかったら、メールがたまっちゃって大変。 ➡P140

I didn't ( ) my computer for a week, so it's going to be a ( ) ( ) to ( ) all the e-mails that ( ) ( ) ( ).

---

❶set/silent/mode ❷initialize ❸forward/concerned ❹look/for/search/engine ❺is/out/of/service/I'm/in/the/basement ❻watched/without/using/unlimited/download/package ❼Mac-compatible/is/it ❽makes/frustrated/takes/boot ❾if/apply/online ❿use/big/job/answer/piled/up/meanwhile

148

chapter 6 Relaxing at Home
家でくつろぐ

休日、家でゆったりくつろぐひととき。
人によって、さまざまな過ごし方があるでしょう。
ここでは、テレビを見たり、ゲームをしたり
パジャマのままごろごろしたり、など
"まったり"と時を過ごす場合の
動作やつぶやき表現を取り上げています。

chapter 6 Relaxing at Home

Words 単語編

- ❶編み物
- ❷ビーズ細工
- ❸手芸品
- ❹手芸
- ❺アロマオイル
- ❻アロマポット
- ❼アロマキャンドル
- ❽お香
- ❾ハーブティー
- ❿雑誌
- ⓫連載漫画
- ⓬文庫本
- ⓭絵本
- ⓮アルバム

❶knitting ❷beadwork ❸handicraft ❹fancywork ❺aroma oil
❻burner ❼scented candle ❽incense ❾herbal tea ❿magazine
⓫comic series ⓬paperback ⓭picture book ⓮photo album ⓯

まずは、さまざまなものの名前で
「家でくつろぐ」シーンのイメージをつかもう。

⓱ケーブルテレビ
⓲衛星放送
⓳デジタル放送
⓴テレビアニメ
㉑ワイドショー
㉒連続ドラマ

⓯テレビ
⓰チャンネル

㉖トランプ
㉕ボードゲーム
㉓テレビゲーム
㉔リモコン

⓯television ⓰channel ⓱cable television ⓲satellite broadcasting
⓳digital broadcasting ⓴cartoon ㉑gossip show ㉒drama series
㉓video game ㉔remote control ㉕board game ㉖cards

151

chapter 6 Relaxing at Home

1 チャンネルを変える
I change the channel [on the TV].

2 ザッピングする
I surf the TV channels.

3 ハードディスクに録画する
I record a show on an HD-DVD/a hard-disk recorder.

4 バラエティー番組を見ながら、一人でつっこみを入れる
I talk to the TV and make acid comments while watching a variety show/program alone.

5 家族とテレビゲームで遊ぶ
I play a video game with my family.

---

tips

❷ channel surfing/zapping は「チャンネルを次々に切り替えて番組を見ること」。「リモコン」は remote control。
❹ talk to ~ は「~に話し掛ける」。acid comments は「痛烈な発言」。
❺「テレビゲーム」は computer game とも。「テレビゲームに熱中している」は be hooked on / glued to a video game。

6　ネットでチケットを先行予約する
I pre-order a ticket online.

7　iPodに新しい曲を取り込む
I download new songs to my iPod.

8　編み物(手芸)をする
I do some knitting (fancywork).

9　ビーズ細工をする
I do some beadwork.

10　ガーデニングをする
I do the gardening.

❻ online は「インターネットで」。「前売り券」は advance ticket。
❼「インターネットで曲を買う」は purchase music on the Internet。
❽「手芸品を作る」は make handicrafts と言ってもよい。「好きな気晴らし、娯楽」は favorite pastime。
❾「ビーズ細工をする」は make things with beads とも言う。

chapter 6 Relaxing at Home

11 友達と長電話する
I have a long phone chat with my friend.

12 アルバムを整理する
I sort out photo albums.

13 お香をたいてリラックスする
I burn incense and relax.

14 ハーブティーを飲みながらお気に入りの雑誌をぱらぱらめくる
I flip/browse through my favorite magazine while drinking herb/herbal tea.

15 何をするともなく過ごす
I spend the day doing nothing.

tips

❶chatは「おしゃべり［する］」。「友達と長電話する」は talk with one's friend for a long time on the phone とも言える。
❷「写真を集めてアルバムにする」は put pictures together for a photo album、「写真を印刷する」は print a photo/the photos。
❸「アロマセラピー」は aromatherapy、「アロマキャンドルをたく」は

16 一日中パジャマでごろごろする
I stay in my pajamas all day and relax.

17 寝だめをする
I catch up on my sleep.

18 缶ビールを開ける
I open a [can of] beer.

19 宅配のピザを取る
I order a delivery pizza.

20 近くのコンビニでスッピンでランチを買いに行く
I go to the nearby convenience store to buy [something for] my lunch without putting any makeup on.

burn scented candles。aromaもscentも「いい香り」。
⓮「ハーブティーを入れる」はmake [a cup(pot) of] herb/herbal tea。
⓯「ぶらぶらして時を過ごす」はhang out、「暇をつぶす」はpass the time。
⓱ catch up on ~ は「[不足を]取り戻す」。「昼寝する」はtake a nap。
⓳「宅配、出前」は[home-]delivery service、「出前をとる」はorder out。

chapter 6 Relaxing at Home

1. 最近はチャンネルが多いから選ぶのが大変だ。
Nowadays, there are too many TV channels to choose from.

2. この時間はあんまりいい番組やってないなあ。
There aren't any good programs at this hour.

3. チャンネル争いに負けちゃった。
I lost a fight over my favorite stations.

4. 最近の海外ドラマ、出来がいいよね。
Recent foreign dramas are really well-made.

5. この映画何度見ても泣ける。
This movie makes me cry every time I watch it.

6. この俳優、いい味出してるよなあ。
This actor is really unique.

nowadays = 最近では／choose from ~ = ~の中から選ぶ

It's difficult to select a TV program because there are too many channels. とも言える。「デジタル放送」は digital broadcasting、「衛星放送」は satellite broadcasting、「ケーブルテレビ」は cable TV/television。

---

at this hour = この時間に

「いい番組」は interesting programs（興味深い番組）、または a program worth watching（見るに値する番組）と言ってもよい。「くだらない（退屈な）番組」は silly(boring) programs。

---

lose a fight over ~ = ~をめぐる争いに負ける cf. lost<lose／
[TV] station = テレビ局

「チャンネル争いをしている」は be at war over the TV programs、「お気に入りのテレビ番組を見る」は watch one's favorite TV show。

---

foreign drama = 海外ドラマ cf. TV/television drama=テレビドラマ／**well-made = うまく作られている** cf. poorly-made=できの悪い／dull=つまらない

ドラマの関連語として、ほかに script（脚本）、starring ~（~主演の）など。

---

movie(= film) = 映画 cf. cinema=(集合的に)映画／**make ~ cry = ~を泣かせる** cf. make~laugh=~を笑わせる

「思い切り泣く」は have a good cry、「泣いた後は気持ちがすっきりする」は feel refreshed/good after crying。

---

actor = 俳優 cf. actress=女優/leading actor=主演俳優/supporting actor=脇役の俳優 /role=役

unique（独特の）の代わりに impressive（印象的な）、appealing（魅力的な）なども使える。

chapter 6 Relaxing at Home

7 そういえば、最近あのタレント見ないなあ。
You know, we don't see that TV personality anymore these days.

8 忙しくて録画がたまっちゃった。見るのが大変。
I'm too busy to watch recorded TV programs. It takes a lot of time to watch them [all].

9 さあ、録画しておいたドラマの最終回を見るぞ!
Now, I'm going to watch the final episode [of the drama series] that I recorded!

10 おっ、あのドラマもう再放送してるんだ。
Wow. They are already rebroadcasting this drama.

11 DVDで、音声も字幕も英語にして見ると、勉強になるなあ。
I can learn a lot when I watch a DVD in English with English subtitles.

12 DVDの返却期限が過ぎてる! 3本も借りたのに全部は見られなかった。
These DVDs are overdue! I rented three but couldn't watch them all.

You know, (=By the way,) = ねえ、ところで／TV personality = テレビタレント、テレビ出演者 cf. celebrity=有名人、セレブ

talent は主として集合的に「才能のある人材」を指すので、個人を指す場合には使えない。

---

too busy to ~ = ～するには忙しすぎる／recorded = 録画した／it takes time to ~ = ～するのに時間がかかる

I don't have enough time to watch all these recorded TV programs. でもよい。

---

final episode = 最終回 cf. episode=テレビ番組の1回分、第～話／**drama series (=serial drama) = 連続ドラマ**

連続ドラマは「前回までのあらすじ」Previously on ... で始まり、最後は「続く」To be continued. となっていることが多い。

---

rebroadcast = ～を再放送する cf. broadcast=～を放送する／rerun(=repeat)=再放送

Wow. They are already repeating this drama. とも言える。「この番組は再放送だ」は This program is a rerun.。

---

learn a lot = 多くを学ぶ／watch a DVD in English = DVDを英語で見る／subtitle(=caption) = 字幕

I can learn a lot ... の代わりに It's a good way to study ...（勉強するのにいい方法だ）と言ってもよい。

---

overdue = 期日に遅れた、延滞の cf. due=返却期限がきた／**rent = [代金を支払って]～を借りる** cf. rental=賃借、レンタルの／borrow=[無料で]～を借りる／lend=～を貸す／return=～を返却する

「返却日」は date of return、due/return date と言う。

chapter 6 Relaxing at Home

13 今日はビリー・ジョエルな気分だ。
I feel like listening to Billy Joel today.

---

14 この曲を聴くと癒(いや)されるなあ。
This song is really soothing.

---

15 いちいちCDを入れ換えるのが面倒だ。
It's a bother to switch CDs each time.

---

16 夜遅くまでゲームしていたから、今朝は目の下にくまができている。
I was playing a video game till late at night, so I have dark circles under my eyes this morning.

---

17 この漫画の続きが早く読みたい。
I can hardly wait to read the next story in this comic series.

---

18 読みかけの本が何冊もあるなあ。
I have several half-finished books.

feel like ~ = ～の気分だ／**listen to ~** = ～に耳を傾ける、［音楽を］聞く

「～を聞く気にならない」なら I'm in no mood to listen to ~。「ヒット曲」は hit[s]、hit song/music。「曲に合わせて歌う」は sing along、「鼻歌を歌う」は hum、「iPod で曲を再生する」は play music on an iPod。

---

soothing (= comforting/healing) = 落ち着かせる、癒される cf. soothe=～を和らげる／soothing music=心なごむ音楽、癒しの音楽

I feel comforted when I listen to this song. とも言える。healing（癒し）は本来、傷などが治ること。

It's a bother to ~ = ～するのは面倒だ／**switch** = ～を交換する／**each time** = 毎回、そのつど

「入れ換える」ので CDs と複数になる。「CD をプレーヤーに入れる」は put a CD in[to] the CD player、「CD をかける」は play a CD。

---

video game = テレビゲーム／**dark circles under one's eyes** = 目の下のくま cf. puffy eyes=くまのできたはれぼったい目

「ゲームにはまっている」は be into／hooked on video games。「オンラインでゲームをする」は play a game online、「ゲームセンター」は和製英語で英語では [video/game] arcade。

---

can hardly ~ = とても～できない／**comic** = 漫画 cf. cartoon=漫画、アニメ／comic book=漫画本／comic strip=［新聞などの］続き漫画／**comic series**=連載漫画

I want to read the next story in this comic series. とも言える。日本の「漫画」は英語でも *manga* と呼ばれるようになってきている。

---

several = いくつもの／**half-finished** = 半分しか終わっていない、途中の cf. finished=終わった／half-read book=読みかけの本

I have many books that I haven't finished reading. とも言える。「一気に読む」は read a book in/at one sitting、「最初から終わりまで読む」は read a book from cover to cover。

chapter 6 Relaxing at Home

19 せっかくだから、みんなでUNOでもしましょう。
Why don't we play Uno or something together?

20 あと少しで、コレクションが完成だ!
Just a bit more and my collection is almost completed!

21 この一杯のために生きてるんだよなあ。
I'm living for this gulp of beer.

22 そういえばもらい物のワインがあったな。
Now I remember I have a bottle of wine I was given as a gift.

23 宅配便?! どうしよう、この格好じゃ出られない!
A parcel deliverly?! What do I do? I can't answer the door in this outfit.

24 寝起きだから、居留守使っちゃおう。
I just got up, so I'll pretend I'm not home.

Why don't we ~? = 〜しませんか？／play = [ゲームを]する cf. play chess(cards)=チェス(トランプ)をする／**~ or something = 〜か何か**

「[トランプなど] カードを使うゲーム」は card game、「[盤を使う] ボードゲーム」は board game。

---

just a bit more = あと少し cf. a bit(=a little)=ほんのちょっと／**collection = 収集[物]／be completed = 完成する**

「〜を収集する」は collect ~ または make a collection of ~。「CD（コイン／骨董／美術）のコレクション、収集」は CD(coin/antique/art) collection。

---

live for ~ = 〜のために生きている cf. have something(nothing) to live for=生きがいがある(ない)／**a gulp of beer = 一口のビール** cf. gulp=グッと飲むこと／take a gulp of one's drink=酒をグッと飲む

beer の代わりに a drink と言えばアルコール飲料全般を指す。

---

remember = 〜を思い出す／a bottle of ~ = 〜1本、1びん／given as a gift = 贈り物としてもらった

欧米ではお中元 (summer gift)、お歳暮 (year-end gift) のような贈答の習慣はない。お返し (gift in return) も一般的ではない。

---

parcel deliverly = 宅配の配達／parcel(= package) = 包み、小荷物／answer the door(=go to the door) = 玄関に出る／in ~ outfit = 〜の格好で／outfit = 服装ひとそろい cf. How do you like my outfit?=この格好どう？

「〜を宅配便で送る」は send ~ by delivery service、「荷物を受け取る」は receive/get the parcel/package。

I just got up = 起きた直後だ／pretend = 〜のふりをする／not home = 家にいない、留守にする cf. My husband is not home/ here.=夫は留守です

I'll pretend to be out.（出かけたふりをしよう）という表現を使ってもよい。

Skit 🏠 休日に家で過ごす編

休日のカップルは家でまったり

Woman: **What should we do about dinner tonight? I don't feel like❶ cooking.**

Man: **I'll order delivery pizza. And we can open a couple of cans of beer.**

W: **Now I remember I have a bottle of wine I was given as a gift. Let's open that, too!**

M: **After dinner, do you want to watch *On Golden Pond*? I recorded it on the DVD recorder.**

W: **Oh, that movie makes me cry every time I watch it.**

M: **OK. I know what!❷ Some of the recent American dramas are really well-made, we can find one of those on TV.**

W: **There aren't any programs worth watching at this hour.**

M: **We could play a game instead❸. Why don't we play chess or something together?**

W: **That sounds good❹. I'll put on some music❺. I feel like listening to Billy Joel today.**

M: **I love his music. Play his new album. Those songs are really soothing.**

W: **Oh! A parcel delivery? What do I do? I can't go to the door in this outfit.**

M: **What are you talking about? You look fine.**

W: **Are you crazy? My shirt is dirty and my hair is a mess❻!**

M: **Don't worry. I'll get the door. You order the pizza. And brush your hair.**

W: **Ha, ha, ha. You're such a funny guy.**

女性：今日の夕飯、何にしようかしら。なんだか作る気がしないわ。
男性：僕が宅配ピザを頼むよ。缶ビールも開けよう。
女：そういえば頂き物のワインがあったわ。それも開けましょう！
男：食後に『黄昏』見る？ DVDに録画しといたんだ。
女：ああ、その映画見るたびに泣いちゃうのよね。
男：わかったよ。そうだ！ 最近のアメリカのドラマはすごく出来がいいだろ、それをテレビで見ようよ。
女：この時間は、なんにも見るものないわよ。
男：じゃあゲームをしようか。久しぶりにチェスやらない？
女：いいわね。音楽もかけるわ。今日はビリー・ジョエルな気分。
男：僕も大好き。彼の新しいアルバムをかけてよ。心が落ち着く歌だからね。
女：あら！ 宅配便？ どうしよう。こんな格好じゃ玄関に出られないわ。
男：何言ってるの？ すてきだよ。
女：そんなわけないでしょ。シャツは汚れてるし頭はボサボサなのよ！
男：大丈夫。僕玄関に出る。君ピザ頼む。それで髪とかす。
女：は。は。は。あなたって本当におかしな人ね。

【語 注】

❶ feel like -ing: 〜したい気がする
❷ I know what.: 私に良い考えがあります。
❸ instead: その代わりに
❹ sounds good: 良さそうだ
❺ put on music: 音楽をかける
❻ mess: めちゃめちゃな様子

Quick Check

本章に出てきたフレーズを復習しましょう。以下の日本語の意味になるよう
英文を完成させてください。答えはページの下にあります。

❶お香をたいてリラックスする。　➡P154
I ( ) ( ) and relax.

❷寝だめをする。　➡P155
I ( ) ( ) ( ) my sleep.

❸チャンネル争いに負けちゃった。　➡P156
I ( ) ( ) ( ) ( ) my favorite stations.

❹DVDで、音声も字幕も英語にして見ると、勉強になるなあ。　➡P158
I ( ) ( ) ( ) ( ) when I watch a DVD ( )
( ) with English ( ).

❺DVDの返却期限が過ぎてる！3本も借りたのに全部は見られなかった。　➡P158
These DVDs are ( )! I ( ) three but ( ) ( )
( ) ( ).

❻いちいちCDを入れ換えるのが面倒だ。　➡P160
( ) a ( ) ( ) switch CDs ( ) ( ).

❼この漫画の続きが早く読みたい。　➡P160
I ( ) ( ) ( ) ( ) read the next story ( )
this comic series.

❽読みかけの本が何冊もあるなあ。　➡P160
I have ( ) ( ) books.

❾この一杯のために生きてるんだよなあ。　➡P162
( ) ( ) ( ) this ( ) ( ) beer.

❿寝起きだから、居留守使っちゃおう。　➡P162
I ( ) ( ) ( ), so I'll ( ) I'm ( ) ( ).

---

❶burn/incense　❷catch/up/on　❸lost/a/fight/over　❹can/learn/a/lot/in/English/subtitles　❺overdue/rented/couldn't/watch/them/all　❻It's/bother/to/each/time　❼can/hardly/wait/to/in　❽several/half-finished　❾I'm/living/for/gulp/of　❿just/got/up/pretend/not/home

chapter 7　Going Out on a Day Off

休日の外出

友達や恋人と待ち合わせて
デートしたり、買い物したり、
映画を見たり、車で出掛けたり——
休日の外出先でのさまざまなシーンに関する、
会話にも使えそうな動作表現やつぶやき表現です。

chapter 7 Going Out on a Day Off

Words 単語編

⓫ アトラクション、呼び物
❿ 大観覧車
❼ 遊園地
❾ ジェットコースター
❽ お化け屋敷
❷ 待ち合わせ場所
❸ 喫茶店
❶ 待ち合わせ時間
❻ デジタルカメラ
❺ デート
❹ 勝負服

❶wait time ❷meeting place ❸coffee shop ❹Sunday best
❺date ❻digital camera ❼amusement park ❽haunted house
❾roller coaster ❿Ferris wheel ⓫attraction ⓬theater ⓭movie

まずは、さまざまなものの名前で
「休日の外出」シーンのイメージをつかもう。

- ⑮ 予告編
- ⑯ 上映
- ⑰ R指定の映画
- ⑫ 映画館
- ⑬ 映画
- ⑱ タダ券
- ⑭ 予約席
- ㉓ 試着室
- ㉒ 店員
- ㉔ バーゲン
- ㉕ 特売品
- ㉑ 値札
- ⑲ ショッピングセンター
- ⑳ 専門店

⑭reserved seat ⑮trailer ⑯showing ⑰R-rated movie ⑱complimentary ticket ⑲shopping center ⑳shop ㉑price tag ㉒sales clerk ㉓fitting room ㉔sale ㉕bargain

chapter 7 Going Out on a Day Off

1 彼と喫茶店で待ち合わせをする
I meet my boyfriend at a coffee shop.

2 待ち合わせ場所をメールする
I e-mail her/him about the meeting place.

3 勝負服を選ぶ
I pick out my Sunday best.

4 デートをドタキャンされた
She/He canceled our date at the last minute.

5 オールで遊ぶ
We have a night out.

tips

❷元はフランス語のrendezvous[rá:ndəvù:]も「待ち合わせ場所」の意味。I meet her at a romantic rendezvous.（ロマンチックな待ち合わせ場所で彼女に会う）。
❸Sunday bestは「教会に行く日曜日に最も立派な服を着る」ことから。
❹「〜に待ちぼうけをくらわせる」「〜とのデートの約束を破る」はstand 〜 up。

6 彼女の家へ遊びに行く
I go over to her place to hang out.

7 家族に彼(彼女)を紹介する
I introduce my boyfriend (girlfriend) to my family.

8 女の子をナンパする
(男の子にナンパされた)
**I hit on a girl.
(I was hit on by a guy.)**

9 友達と何時間もおしゃべりをする
I chatter away with friends for hours on end.

10 友達の家で鍋パーティーをする
We have a *nabe* party at a friend's place.

❺「オール[ナイト]」をそのまま使って I drink all night. とも。
❻ hang out は「だらだら過ごす、まったりする」の意味。
❽ I pick up a girl. とも言う。
❾ chat は「親しげに雑談する」、chatter は「どうでもよいことをダラダラしゃべる」という意味的な違いがある。

chapter 7 Going Out on a Day Off

11 買い物に行く
I go shopping.

12 デパートめぐりをする
I shop around at some department stores.

13 試着してみる
I try something on.

14 本屋で立ち読みをする
I stand and read in a bookstore.

15 ホームセンターで園芸用品を買って来る
I pick up some gardening supplies at a garden center.

tips

⓬ shop around for ~ で「~を買うために探し求める」。
⓮ I browse in a bookstore. でもよい。
⓯園芸用品専門のホームセンターはgarden center。「園芸の才能がある」はhave a green thumbと言う。
⓰ I take a drive. やI go for a ride. とも言う。また会話ではspin（ひ

16 ドライブに行く
I go for a drive.

17 料金所でお金を払う
I pay at the toll booth.

18 ETCを使う
I use the ETC/Electronic Toll Collection system.

19 車が故障してJAFを呼ぶ
My car breaks down and I call JAF/the Japan Automobile Federation.

20 帰省ラッシュ(Uターンラッシュ)に巻き込まれる
I get stuck in returning holiday traffic (a traffic jam caused by people coming back home).

と走り)を使って go for / have / take / a spin in a car とも言う。
⑰ toll は「通行料金」。
⑳「Uターンラッシュ」は和製英語。一致する英単語はないので例文のように説明する必要がある。traffic jam は「渋滞」。

chapter 7 Going Out on a Day Off

21 映画(劇/ミュージカル)を見に行く
I go to see a movie(play/musical).

22 おけいこごとに通う
I take lessons.

23 趣味の集まりに行く
I attend a gathering of people with the same hobby.

24 スポーツで汗を流す
I play sports very hard, and work up a good sweat.

25 バッティングセンターでストレスを解消する
I relieve stress at the batting center.

tips

㉒「おけいこごと」はより正式にはenrichment lessonsと言うが、会話ではlessonsだけで通じる。
㉔work up ~ は「(食欲や興味などを)生じさせる」という意味。
㉕「ストレスがたまる」はget stressed out、「ストレスに対処する」はcope with stressと言う。

26 草野球の応援をする
I cheer for my favorite neighborhood baseball team.

27 河原でバーベキューをする
We hold/have a barbecue at the riverside.

28 知らない町を散歩する
I explore an unfamiliar town.

29 フリーマーケットに店を出す
I sell stuff at a flea market.

30 ボランティア活動をする
I do volunteer work.

㉖ cheer for ~ は「~を応援する」。
㉙ free marketではない。fleaは「ノミ」。初めてmarketで売られた品物にノミがついていた、集まる人々の様子が遠景でノミのようだから、など語源には諸説ある。
㉚「ボランティア活動に参加する」はI take part in volunteer work.。

chapter 7 Going Out on a Day Off

1. あれ？　待ち合わせ場所ってここでいいんだよね？
   Huh. Are you sure this is the meeting place?

2. あ、留守電入ってる。
   Oh, I've got a message [on my cell].

3. 遅れちゃってごめんねえ、今近くに来てるからあと5分待ってて。
   Sorry I'm <u>running</u> / <u>going to be</u> late but I'm almost there. Can you wait another five minutes?

4. 携帯あるからって毎回遅刻しないでよ。
   I know you have a cellphone, but don't be late every single time.

5. 久しぶりのデートだな、何着て行こう？
   It's been a while since I had a date. What should I wear?

6. お、今日キマってるじゃない！
   Hey, you look pretty sharp today!

meeting place = 待ち合わせ場所

Are you sure ~?(〜は確かですか？)は You sure ~? と言うこともできる。カジュアルな会話ではこのように be 動詞が省略されることがある。You ready to go?（出発準備はできた？）。

---

have got ~ = 〜をもらった／**on one's cell** = 携帯電話に

「[機器などの] 中に」という場合、前置詞は in ではなく on を使う。I have some important documents on my USB memory.（USB メモリの中に重要な文書がいくつか入っています）。

---

be running late = 予定より[進行が]遅れている／**almost** = ほとんど／**another ~** = さらに〜

I'm almost there. は「もうすぐ目的地に着きます」という意味。「遅刻してごめんなさい」は、I'm sorry. I'm late.。

---

cellphone(=cellular phone / mobile phone) = 携帯電話／**every single time** = 毎回毎回

every single ~ は、「一つ一つの、毎〜」という意味。every day は「毎日」だが、every single day とすると「毎日毎日、来る日も来る日も」という強調した意味になる。

---

have a date = デートをする

It's been a while since ~ は「〜以来しばらくたった」、つまり「〜から久しぶりだ」の意味。あいさつで「久しぶりですね」と言う場合は、It's been a while. と表現する。

---

look ~ = 〜に見える／**sharp** = [身なりが]きちんとした、キマっている

sharp は「とがっている」という以外にもさまざまな意味を持つ形容詞。be sharp at ~（〜に抜け目がない、〜が得意である、ずる賢い）、sharp taste（刺激的な味）、sharp walk（きびきびした足取り）など。

chapter 7 Going Out on a Day Off

7 とりあえずお茶しながら今日どうするか決める?
Why don't we have some tea first and make plans for the rest of the day?

8 たまには子どもを預けて夫婦でデートもいいね。
Don't you think this is good — leaving our kids with a babysitter and spending time alone together once in a while?

9 ねえ、あの美術館は今、ピカソ展をやってるよ。
You know what? The museum is holding a Picasso exhibition now.

10 マン喫(マンガ喫茶)でまったりしよう。
Let's hang out in a *manga* café.

11 最近デートもマンネリ化してきた。
まあ私は一緒にいられるだけでうれしいんだけど。
Our dating is stuck in a rut. I'm happy just to be with <u>him</u>/<u>her</u>, though.

12 天気もいいし、外で何かしようよ。
How about doing something outside because it's such a beautiful day?

make plans for ~ = ～のための計画を立てる／the rest of ~ = 残りの～

Why don't we ~? は「～しましょうか？」という提案をする際に使う言い方。Let's ~（～しよう）よりも丁寧な表現だが、Shall we ~?（～しましょうか？）よりはカジュアルな表現。使う相手や内容により区別することが必要。

---

leave A with B = AをBに預ける／alone together = 2人きりで／once in a while = たまには

Don't you think ~? は「～と思わない？」という否定疑問文。答える際には「そう思うなら」Yes, I do.、「そのように思わない」なら No, I don't. で答えることに注意。

---

hold = ～を開催する／exhibition = 展示

You know what? は「あのね、知ってる？」という意味で、会話を切り出す際に使う表現。似たような会話を切り出す際の表現に Guess what?（ちょっと聞いてよ、面白い話があるよ）がある。

---

hang out = まったりする／*manga* café = マンガ喫茶 cf. maid café = メイド喫茶

hang out は「だらだら時間を過ごす」。idle away にも「～をだらだら過ごす」という意味がある。I often idle away my holiday watching TV.（僕はよく休日にテレビを見てだらだら過ごすんだ）。

---

be stuck in a rut = マンネリ化する／rut = 決まった型、わだち／though = やっぱり、でも（文中や文尾にくる）

「マンネリを脱する」は get out of a rut と言う。また、「[日々の行動が]マンネリ化する／ワンパターンになる」は become routine。My life's become routine.（生活がワンパターンになっちゃった）。

How about -ing? = ～しませんか？（相手に提案する・勧める表現）／outside = 外で、屋外で

「天気がいい日」は nice day とも言う。It's too nice a day to stay inside.（家にいるにはもったいないくらい天気が良い）。fine day は「晴れた日」という意味で必ずしも beautiful day というわけではない。

chapter 7 Going Out on a Day Off

13 今、いい映画やってるかな？
Is there a good movie <u>at/in</u> the theater now?

14 タダ券が余ってるんだけど、行かない？
I have an extra complimentary ticket. Would you like to go with me?

15 あの映画、昨日までだった！　ショック！
The movie ended yesterday! What a bummer!

16 次の上映時間まで、まだだいぶあるね。
We have plenty of time until the next show.

17 今日は込んでるから、違う映画を見ようよ。
What do you say to trying another movie? This one's too crowded today.

18 どうにも映画の好みが合わないんだよね。
We have quite different tastes in movies.

theater = 映画館（イギリスではcinemaが好まれる）
「〜をやっている、〜が上映［上演］されている」は自動詞 show を使って *Departures* is showing at the theater now.（現在、映画館で *Departures* を上映中です）と言う。

---

extra = 余分な／complimentary = 無料の
「無料招待券」は invitation ticket または comp (complimentary ticket の略) とも言う。Would you like to ~? は相手を誘うときに使う表現。ここでは What do you say to going with me? でもよい。

---

end = 終了する／bummer = がっかりさせること
日本語で言う「ショック！」は、I'm shocked. よりも、例文の What a bummer! や I'm disappointed.（がっかりした）、または How unlucky!（ついてない！）などの方がニュアンスを正確に伝えられる。

---

plenty of ~ = たくさんの〜、たっぷりの〜／show = 上映
plenty of ~ は「十二分の」という意味で、「たくさんの」(a lot of ~ など) よりも多いことを含意する。否定文では <u>many</u>/<u>much</u> (e.g. we don't have much time.)、疑問文では enough (e.g. Do we have enough time?) を使う。

What do you say to -ing? = 〜するのはどう？／crowded = 込んでいる
What do you say to –ing? は直訳すれば「〜に対して何を言いますか？」だが「〜はどうですか？」という相手に提案する表現。How about ~?（〜はどうですか？）と同様、〜には名詞または動名詞が続く。

---

quite different = かなり違う／taste = 好み、趣味
taste は「好み、趣味」という意味でよく使われる単語。She has good taste in clothes.（彼女は服の趣味がいい）。また、There is no accounting for taste.（蓼食う虫も好きずき：人の好みは説明できない）ということわざもある。

chapter 7 Going Out on a Day Off

19 バーゲンがあるから買い物に付き合ってよ。
Won't you come shopping with me? There's a sale today.

20 彼女の買い物に付き合うのはいいけど、時間がかかるんだよなあ。
I don't mind going shopping with her, but it always takes so much time.

21 この店、一度来てみたかったんだ。
I've always wanted to come to this shop.

22 うわぁ、すごい行列だなあ。まだ開店して10分だよ。
Wow! That sure is a long line. It only opened 10 minutes ago.

23 セールまで待ったかいがあった。
It was worth waiting for the sale.

24 ここへ来たら、A店とB店は外せないよね。
Since we're here, we can't miss going to Shop A and Shop B, can we?

sale = 売り出し、バーゲン cf. bargain=特売品

Won't you ~? は「~したらどうですか？」（提案）や「~していただけませんか？」（依頼）を表す疑問文。Will you ~? (~してくれない？) よりも丁寧な表現。Won't you please ~? のように please をつけるとより丁寧度が増す。

---

don't mind -ing = ~してもかまわない cf. mind=~を嫌がる／go -ing=~しに行く／take time = 時間がかかる

「~することを気にしますか？」つまり「~していただけますか？」は Would you mind -ing? と言う。「気にする、嫌だ」なら、Yes, I would.、「気にしない、いいよ」なら No, I wouldn't.。

---

have always wanted to ~ は「今までずっと~したかった」という意味。 always は現在形とともに用いる「常に」のイメージが強いが、現在完了形や未来時制の中で使うと「いつも変わらず~」の意味にもなる。I will always love you.（いつも変わらず愛し続けます）。

Wow! = うわぁ（驚き、感嘆を表す間投詞）／line = 行列

「確かに、本当に」という意味の副詞 sure は、通常、主語と be 動詞の間にくる。形容詞の sure（~を確信している）とは区別すること。The man is sure of his success.（その人は自分の成功を確信している）。例文の後半は It's only been 10 minutes since it opened. とも言える。

---

worth -ing = ~する価値がある

worth は後に名詞や動名詞がくる珍しい形容詞。It's worth a try.（それはやってみる価値がある）。なお、例文は The sale を主語にして The sale is worth waiting for. と言い換えることができる。

---

since ~ = ~だから、~したからには／miss -ing = ~をし損なう、逃す

miss にはさまざまな意味があるがここでは「~をし損なう」という意味。道を案内する際に、最後に You can't miss it.（見逃すわけないですよ＝すぐに分かりますよ）という定型表現もある。

chapter ❼ Going Out on a Day Off

25 この店なぜだか今日はすいてるな。
I wonder why this shop isn't busy today.

26 店員さんのお薦め、断るの苦手なんだよね。
It's difficult for me to turn down what a sales clerk recommends.

27 ジーンズの値段って、ピンキリだなあ。
Hmm ... the price of jeans runs the gamut.

28 これ買っちゃおうかな！
I'm going to buy this!

29 予算オーバーだ……どうしよう。
That's over my budget ... what <u>shall</u>/<u>should</u> I do?

30 ボーナス一括で買っちゃえ！
I'll pay for it out of my bonus!

I wonder why ~ = なぜ～なんだろう

wonder は後に if または疑問詞（what、why、how など）が続き「～なんだろうかと思う」という意味を表す。I wonder what to buy for my girlfriend.（彼女に何を買ってあげようかな）。

---

turn down ~ = ～を断る／sales clerk = 店員／recommend = ～を薦める

「店員は苦手」を表すにはほかに Sales clerks are hard for me to deal with.（店員に対応するのは苦手だ）、I'm not comfortable with sales clerks.（店員がいると居心地が良くない）など。

---

run the gamut = 全範囲に及ぶ、ピンキリだ／run = [数量・範囲などに]及ぶ、達する／gamut = 全域、全範囲

「[お店の] 品ぞろえが良い（悪い）」は wide(narrow) selection を使う。The bookstore offers a wide selection of books for children.（その書店は児童書の品ぞろえが素晴らしい）。

---

be going to ~ = ～するつもり

will や be going to~ はともに未来の予定を表すことができるが、例文のような状況で will を使い I will buy this! とすると「なにがなんでも買ってやるぞ！」という強い意志を示すことになってしまう（30 参照）。

---

budget = 予算

「[予算が] 厳しい」は tight を使う。I'm on a tight budget so I can't afford this.（予算が厳しいので、これは買えないなぁ）。

---

out of one's bonus = ボーナス一括で

「一括払いする」は pay a lump-sum ／ something off in full、「分割払いする」は pay on time ／ in installments（installment は分割払いの 1 回分のこと）と言う。I'd like to pay in installments.（分割払いでお願いしたいのですが）。

chapter ❼ Going Out on a Day Off

31 デパ地下で試食してるだけで、お腹いっぱいになる感じ。
I end up [feeling] full trying out the food samples <u>on the basement food floor of a department store</u> /<u>in the *depa-chika*</u>.

32 駐車場はどこも一杯。
All the parking lots are full.

33 うわー、このトンネル長いねー。
Wow, isn't this tunnel long!

34 この先渋滞10キロだって？！
Traffic's backed up for 10 kilometers ahead?

35 新車にしたら、燃費が良くって感動した。
I'm amazed how fuel-efficient my new car is.

36 これからはエコドライブの時代だよね。
Eco-driving is here to stay.

end up [-ing] = [〜する]という結果に終わる／feel full = 満腹感を覚える／try out 〜 = 〜を試す、試食する

「デパ地下」に該当する英単語はないため、the basement/underground food floor [of a department store] などと説明する必要があるが、最近は親日家の外国人には *depa-chika* でも通じる場合もある。

---

parking lot = 駐車場 cf. parking garage=屋内駐車場/metered parking space=メーター料金制駐車場

「駐車場」はイギリスでは car park が一般的。park は動詞「駐車する」としても使える。Where can we park our car?（どこに停めたらいいんだろう？）。There's no space to park our car.（車を停める場所がない）。

---

tunnel = トンネル

Isn't 〜 となっているので一見、疑問文のようだが、ここでは「〜じゃない！」と強い断定を表す。？（疑問符）ではなく！（感嘆符）で終わっているので、下げ調子で発音する。

---

be backed up = 渋滞している／ahead = 前方に

「渋滞」に関連する表現として、We're stuck in bumper-to-bumper gridlock.（数珠つなぎの渋滞にはまっちゃった）、Traffic is inching/crawling along.（みんなノロノロ運転している）、We should set off early to beat the traffic jams.（渋滞を避けるために早く出発すべきだね）など。

---

be amazed = 驚く／be fuel-efficient (=get good mileage) = 燃費が良い

会話で「感動する」は動詞 rock を使って、Wow, this car rocks!（この車、感動！）のようにも言える。逆に「全然ダメ」は動詞 suck を使って、This car sucks! It gets terrible mileage.（この車全然ダメ！ 燃費悪過ぎ）のように言うことができる。

---

eco-driving = エコドライブ

be here to stay は「[新しい物や概念が] 定着している、普及している」つまり「これからは〜の時代です」という意味。同じ「時代」でも人について「これからは彼らの時代だ」のように言う場合は Their time has come. となる。

chapter ❼ Going Out on a Day Off

37 こんなロマンチックな景色、今度は彼と見たいわあ。
I hope I can see a romantic view like that with my boyfriend.

38 遊園地って楽しい。何時間でもいられそう。
The amusement park's fun. I could spend hours there.

39 どこに行ってもスタバにユニクロ、マクドナルド……町に個性がなくなったな。
Starbucks, Uniqlo, McDonald's ... Every town is losing its individuality these days.

40 もう脚が疲れた。
My legs feel like lead already.

41 平日に出掛けられれば、人が少なくてもっとゆったりできるんだろうな。
We'd feel more relaxed if it was a weekday with fewer people here.

42 もうこんな時間だ。
Hey, look at the time.

romantic = ロマンチックな／view = 景色、眺め

同じ「〜したいなぁ」でも I hope I can 〜 なら未来の予定として可能性が高いが、I wish I could 〜 だとその可能性が絶望的であることを意味する。例文を I wish I could see 〜 with my boyfriend. とすると、もう絶対に会えない彼と見てみたかった、という意味になる。

---

fun = 楽しいこと

could は「〜できるかも」という仮定の意味を持つ助動詞。I can spend hours there. だと「できる」と言い切ってしまうことになるが、実際にはそこまで確実性がないので could を使う方がよい。

---

individuality = 個性

lose [one's] individuality で「個性を失う」の意味。「個性を保つ」は preserve [one's] individuality、「個性を強調する」は highlight [one's] individuality。なお、「個性の強い町」は unique local community と言う。

---

feel like 〜 = 〜の感じがする／lead = 鉛（発音は[léd]）

例文は直訳すれば、「もう脚が鉛のように感じる」という意味。「足が疲れている」は I have weary feet. でもよい。また、「歩き疲れた」は I get tired from walking. と言う。

---

feel relaxed = ゆったりする

'd は would の略。実際には「休日に出掛けている」が、「もし平日に出掛ければ…」という現実とは異なる仮定をしている。よって、この例文の 〜 would feel ... if it was 〜 のように仮定法過去を使って表現する。

---

hey = おい（注意を促す間投詞）／the time = 今の時間

日本語は「もうこんな時間」だが、状況から Hey, look at the time.（ねえ、時間をみてよ）の方がより適切な表現。その後で Time flies, doesn't it?（時間たつの早いね）と言ってもよい。

Skit 休日に外出編

お出かけプランの行き着くところは……

Man: **Hey, Shirley. Long time no see①.**
Woman: **Yeah, sorry I haven't been around② lately③. I've been really busy.**
M: **Well, we've both got the whole day off. So what do you want to do today?**
W: **How about doing something outside since it's such a beautiful day?**
M: **We could go for a drive. I'm amazed how fuel-efficient my new car is.**
W: **OK. I like to explore unfamiliar towns. Let's go see what Hikuyama is like④.**
M: **I've been there. Starbucks, Uniqlo, McDonald's ... Every town is losing its individuality these days.**
W: **You know what? The museum is holding a Picasso exhibition now.**
M: **But today's Sunday. It'll be crowded. It'd be more relaxing if it was a weekday with fewer people.**
W: **The *depa-chika*'s fun. I could spend hours there.**
M: **But that will be crowded, too. Let's just hang out in a *manga* café.**
W: **Jeez⑤. You're such a nerd⑥! But I like you anyway.**

男性：やあ、シャーリー。久しぶりだね。
女性：ほんとに、ここのところごぶさたしててごめんなさい。すごく忙しかったの。
男：さてと、二人とも丸一日休めることだし、今日は何する?
女：天気もいいことだし、外で遊ばない?
男：ドライブに行こうか。新車にしたら燃費が良くて感動ものなんだよ。
女：そうね。見知らぬ町を探索してみたいな。低山がどんなところか見に行きましょうよ。
男：行ったことあるよ。スタバにユニクロ、マクドナルド……最近はどの町も個性がなくなってきたなあ。
女：ねえねえ。美術館でピカソ展やってるわよ。
男：でも今日は日曜だからすごく込んでるよ。平日だったら人も少なくてゆったりできるだろうけど。
女：デパ地下は面白いわよ。あそこなら何時間でもいられる。
男：そこだって込んでるよ。漫画喫茶でまったりしよう。
女：まったく。あなたってオタクね! でもそんなあなたも好きだけどね。

【語注】

❶ Long time no see.: 久しぶりだね。
❷ be around: そのへんにいる、そばにいる
❸ lately: 最近
❹ go see what ~ is like: ~がどんな様子かを見に行く
❺ Jeez: へえっ、まあ
❻ nerd: オタク

Quick Check

本章に出てきたフレーズを復習しましょう。以下の日本語の意味になるよう英文を完成させてください。答えはページの下にあります。

❶勝負服を選ぶ。　➡P170

I ( ) ( ) my ( ) ( ).

❷彼女の家へ遊びに行く。　➡P171

I ( ) ( ) ( ) her place to ( ) ( ).

❸ドライブに行く。　➡P173

I ( ) ( ) ( ) drive.

❹河原でバーベキューをする。　➡P175

We ( ) ( ) ( ) at the riverside.

❺遅れちゃってごめんねえ、今近くに来てるからあと5分待ってて。　➡P176

Sorry ( ) ( ) ( ) but I'm almost there. Can you wait ( ) five minutes?

❻あの映画、昨日までだった！ ショック！　➡P180

The movie ( ) yesterday! ( ) ( ) ( )!

❼セールまで待ったかいがあった。　➡P182

It was ( ) ( ) for the sale.

❽この店なぜだか今日はすいてるな。　➡P184

( ) ( ) ( ) this shop isn't ( ) today.

❾店員さんのお薦め、断るの苦手なんだよね。　➡P184

It's ( ) ( ) ( ) to ( ) ( ) what a sales clerk recommends.

❿ボーナス一括で買っちゃえ！　➡P184

I'll ( ) ( ) it ( ) ( ) ( ) ( )!

---

❶pick/out/Sunday/best　❷go/over/to/hang/out　❸go/for/a　❹hold/a/barbecue　❺I'm/running/late/another　❻ended/What/a/bummer　❼worth/waiting　❽I/wonder/why/busy　❾difficult/for/me/turn/down　❿pay/for/out/of/my/bonus

chapter 8 Eating Out
外食

世界一、バラエティーに富んだ食を楽しめる日本。
ちょっと気取ったレストランから
気楽な食堂、居酒屋まで外食産業は多彩で、
味にうるさい人はますます増えています。
ここでは、お店に入る前から勘定を払うまでの
外食における一連の動作や心のつぶやき、
会話に使える表現を取り上げています。

chapter 8 Eating Out

Words 単語編

❶高級レストラン
❷飲み物
❸ワインリスト
❹水差し
❺皿
⓫団体、同席者

❶classy restaurant ❷drink ❸wine list ❹pitcher ❺plate ❻cutlery ❼appetizer ❽main course ❾dessert ❿sampler ⓫party ⓬tavern ⓭food stall ⓮shop curtain ⓯liquor ⓰beer

まずは、さまざまなものの名前で
「外食」のシーンのイメージをつかもう。

⓮のれん　⓰ビールジョッキ　⓱地ビール
⓬居酒屋
⓯酒類
❻銀器類、カトラリー
⓭屋台
⓳はし
⓲楊枝　⓴おつまみ　㉑追加注文
㉒スイーツ
㉓回転ずし
㉔焼肉屋
㉕バイキング
㉖食堂
㉗ご飯

❼前菜　❽主菜　❾デザート　❿盛り合わせ

mug　⓱local beer　⓲toothpick　⓳chopstick　⓴side dish/snack ㉑additional order　㉒sweets　㉓revolving sushi　㉔*yakiniku* restaurant　㉕alll-you-can-eat buffet　㉖diner　㉗steamed rice

chapter ❽ Eating Out

1 おめかしして高級レストランに行く
I get all dressed up and go to a classy restaurant.

2 のれんをくぐる
I enter the shop through a shop curtain.

3 スイーツの食べ歩きをする
I try out sweets at various restaurants.

4 ウエイターに人数を告げる
I tell the waiter how many are in our party.

5 相席でお願いします、と言われる
I am asked to share a table.

tips

❶ get dressed up でも「おめかしする」の意味になるが、all をつけると「ばっちり」という強調の表現になる。
❸ try out は「〜を試してみる」という意味。「さまざまなレストランでスイーツを試してみる」が例文の本来の意味。
❹「[私たちは]7人です」は We are a party of seven.。

6 席を替えてもらう
I ask to change seats.

7 メニューを持ってきてもらう
I ask for a menu.

8 ワインリストを吟味する
I peruse a wine list.

9 おすすめのワインを尋ねる
I ask what wine they recommend.

10 アレルゲンを確認する
I check if the food contains any allergy-causing ingredients.

❺相席させてもらう場合はMay I join you?と言う。
❻「席を交換していただけますか?」はWould you mind switching seats?などと言う。
❿「~に対してアレルギーがある」はbe allergic to ~。I'm allergic to eggs.(たまごアレルギーなんです)。ingredientは「材料、成分」。

chapter 8 Eating Out

11 飲み物（前菜/デザート）を選ぶ（頼む）
I choose(order) a drink(appetizer/dessert).

12 それぞれ頼んでシェアする
We each order a dish of our own and share it.

13 割りばしを割る
I split apart a pair of chopsticks.

14 料理を取り分ける
I dish out the food.

15 ようじを使う
I use a toothpick.

tips

⑪「注文していいですか？」は Can we order now?。
⑬ split apart は、「割って (split) 別々に (apart) する」という意味。
⑭ divide を使い、I divide salad into five plates.（サラダを 5 皿に取り分ける）のように言うこともできる。
⑰ make an additional order でもよい。

16 給仕を呼び止める
I stop a <u>waiter/waitress</u>.

17 追加注文する
I make another order.

18 嫌いなものをより分ける
I push aside what I don't care for.

19 ビールをついで回る
I go around pouring everyone beer.

20 一杯ひっかける
I grab a drink.

❶⓼push aside ~ は文字通り「~を脇へ押しのける」。don't like ~ より don't care for ~（~を好まない）の方が丁寧。
❶⓽「ビールをおつぎしましょうか？」はCan I pour you beer?。
❷⓪相手に「帰りに一杯どう？」と尋ねる場合はWhat about a drink after work?と言う。

chapter 8 Eating Out

21 割り勘にする
We split the check.

22 クーポンをダウンロードしてプリントアウトする
I download an online coupon and print it out.

tips

㉑ split the bill とも言う。go Dutch（割り勘にする）は古風な表現なのであまり使われない。

㉒ Coupon must be presented at time of order.（クーポンはご注文時にご提示ください）と注意書きされていることがある。

「起き寝る」流・スピーキング学習法 その ❶

映画やドラマを使ってオリジナル表現集を作る
武藤克彦 Text by Katsuhiko Muto

　ハリウッド映画や海外ドラマの英語を完全に理解できるようになるには相当の時間がかかるが、ここでは視点を変えて、映画やドラマで使われている表現を自分のものにするための学習方法を伝授しよう。

1. 日常を扱っている映画・ドラマを選ぼう
いかに面白い映画であっても、アクション映画に出てくるような台詞（e.g. I'm gonna kill you.）は日本語でも使わない。英語の日常表現を学ぶにはラブコメ映画やシットコム（situation comedy＝テレビのホームコメディ）のようなドラマがオススメだ。

2. 自分の年齢・性別に近い登場人物を見つけよう
日本語でも男女、または子どもとお年寄りの話す言葉が違うように、英語についても自分と同じ性別・同世代の人物が話す英語を真似するようにしよう。

3. 気になった箇所をメモしよう
まずは日本語字幕で鑑賞して、途中で「あ、今英語でなんて言ったんだろう？」、「これは自分にもよくある状況だ」と思う箇所があったら、そこで停止する。英語字幕に切り替え、その台詞やフレーズ・語彙をメモしよう。動作や状況を表すイラストなども描ければ効果的。1作品につき3個所程度でOKだ。ノートを用意し、日付と作品名も書いておこう。

4. デジカメを利用しよう
メモするのは面倒だ（It's a pain!）という方は、デジカメを使おう。例えば、私が先日ドラマで、Put your head back.（[鼻血が出ているから]頭を上に上げなさい）という表現を見つけた時のこと。これは、絵を描くのが私自身面倒だったので、デジカメで英語字幕付き画像を撮影しておいた。こういった画像をパソコンにためていけば、「ビジュアル単語帳」の完成というわけだ。

　映画やドラマをこんな風に利用すると、楽しみながら自分だけの「起きてから寝るまで英語表現」を増やすことができる。お試しあれ。

chapter 8 Eating Out

1. <料理店で>うわあ、店の外まで行列してるよ。
   <At a restaurant> Gee! Customers are lining up out of the door.

2. 込んでるよ。40分待ちだって。
   The restaurant is very busy. They say the wait will be 40 minutes.

3. 一見さんお断りだって。お高くとまってるね!
   No first-timers? How snobbish!

4. もうラーメンブームは落ち着いたみたいだな。
   The *ramen* fad seems to have passed already.

5. いつか回らないおすし屋に行きたいなあ。
   Some day I hope I can eat at a sushi bar where the dishes don't revolve.

6. 一人で入れる焼き肉屋ってないのかなあ?
   Aren't there any *yakiniku* restaurants where I can eat alone?

Gee! = 驚きを表す間投詞／customer = 客／line up = 並ぶ

「〜を並んで待つ」は、wait in line for 〜（米）、wait in a queue for 〜（英）。People have to wait in <u>line</u> / <u>a queue</u> for the *ramen* shop to open.（人々はそのラーメン屋が開くまで並んで待たなければならない）。

---

busy = 込んでいる／wait (名詞) = 待ち時間

レストランで「待ち時間はどのくらいですか？」と尋ねる場合、名詞の wait を使って、How long will the wait be? と言う。How long do we have to wait? だと「どのくらい待てばいいのか？」という苦情に聞こえてしまう。

---

first-timer = 一見さん（そのお店を初めて訪れた人）／snobbish = お高くとまった、偉そうな

How snobbish! の代わりに、What a nasty place!（なんて感じの悪い店！）などとも言える。「この店に入るには勇気がいるぞ」は、I've got to be brave to enter this restaurant. など。

---

fad = [一時的な]熱狂的流行、ブーム／pass = 過ぎ去る

英語の boom は「[経済などの]急成長、にわか景気」の意味で、bubble boom（バブル景気）のように用いる。「ブーム、一時的流行」には使わない。

---

some day = いつかは／revolve = 回転する

「回転ずし」は英語で belt-conveyor sushi、revolving sushi などと呼ばれるが、*kaitenzushi* も一般化してきている。「[カウンターのある] すし屋」は sushi bar。カウンターは bar と言う。

---

alone = 一人で

「[一人で食べているので] みんな見ている、恥ずかしい」は、Everyone's staring at me. It's embarrassing!、「食べることに集中して」は Try to focus on eating. と言う。

chapter 8 Eating Out

7　お好み焼きと焼き肉は服ににおいがつくのが難だ。
One bad thing about *okonomi-yaki* and *yakiniku* is that your clothes absorb the smell.

8　この中華料理店、現地感たっぷりだね。
This Chinese restaurant is full of local atmosphere.

9　禁煙席なのに、喫煙席のたばこの煙が流れてくる。
The cigarette smoke is drifting over here into the non-smoking area.

10　とりあえずコーヒーをお願いします。
Just coffee for now, please.

11　じゃあ、まずはビールでいきますか！
Let's start off with a beer!

12　もうちょっとメニューを見てから決めよう。
Well, I'm just going to look over the menu and think about it.

absorb ~ = ～を吸収する

One bad thing about ~ is that... は、「～についての悪い点のひとつは…」という意味。thing を使ったフレーズには、Good thing is ~（良いことは～）、The thing is ~（要は～）、One bad thing happens after another.（一難去ってまた一難）などがある。

---

local = 地元の、現地の／atmosphere = 雰囲気

日本語の「ローカル」には「田舎の、地方の」の意味が含まれるが、英語の local は「地元の、現地の」という意味で必ずしも「田舎」とは限らない。「田舎の」は rural、country。I'd love to live a rural life.（田舎の生活にあこがれています）。

---

drift over ~ = ～の方へ漂う／non-smoking area(=smoke-free area)=禁煙席

「仕切りでたばこの煙が禁煙エリアに流れ込まないようになっている」は、The partition prevents smoke from entering the smoke-free area. と言う。smoke-free area の -free は「～がない」という意味。

---

for now = 今のところ、さしあたり　cf. Bye for now.=じゃあまたね

注文を全部言った後「とりあえずそれだけでお願いします」は、That's it for now. と言う。また、後から人が来る場合に「先に飲み物だけ頼んじゃう？」などと言う場合は How about just ordering drinks first?。

---

start off with ~ = ～で始める、～から始める

通常ビールは不可算名詞なので、a glass of beer となるが、数えるもの（容器）が明らかな状況では、a beer (= a glass of beer) のように可算名詞になる。We ordered three beers each.（僕たちは一人あたり3杯のビールを頼んだ）。

---

look over ~ = ～をひと通り見る、ざっと見る

look over ~ は「～を全体的に検分する」というニュアンスがある。look over the papers（書類にざっと目を通す）、look over a school（学校を視察する）のように用いる。

chapter 8 Eating Out

13 いろいろあり過ぎて迷っちゃう。
I wonder what to have, because there are various choices on the menu.

14 メニューを見ても、どんな味か想像つかないな。
I can't imagine what it tastes like just by looking at the menu.

15 隣の席の人が食べてるアレ、ください。
Can I have that — what the guy at the next table is having?

16 これってコースでしか食べられないの？
Is this one limited to the set course?

17 出てくるのが遅いなあ。注文、通ってないんじゃないの？
The food is taking a while. Maybe our order didn't go through.

18 これ、頼んだものと違うんですけど。
This is not what we ordered.

I wonder what to ~ = 何を〜しようか／various = さまざまな／choice = 選択肢
「何を選ぶか迷う」は hesitate（ためらう）を使って、I hesitate over what to choose. とも言える。さらに強調する場合は I'm at a loss about what to choose.（何を選んでいいのかさっぱり分からない、途方に暮れる）。

---

imagine = 〜を想像する／taste like ~ = 〜のような味がする
「英語のメニューだと今いちピンとこない」は、It's hard to get a sense of the menu in English.、「日本語のメニューはありますか？」は、Do you have a menu in Japanese? と言う。

---

at the next table = 隣の席の
「〜をください」をレストランで Can I have ~?、より丁寧に言う場合は May I have ~ ?。ファストフードなど商品が手渡しされる場合には、Can I get ~ ? と注文する人が多い。Can I get a cheeseburger, please?（チーズバーガーをください）。

---

be limited to ~ = 〜に限定される／set course = コース料理、定食
ホテルなどで一律に出される「[選択の余地が少ない] コース料理」は table d'hôte[tάːbəl dóut]。いわゆるフルコース料理は dinner。「一品料理、アラカルト」は à la carte dish。Why don't we pick something from the à la carte menu?（アラカルトのメニューから何か選ぼうか？）。

---

take a while = しばらく時間がかかる／a while = しばらくの間／go through = [注文が] 通る
注文した料理がなかなか出てこない時は、Excuse me, my order hasn't come yet. I've been waiting for 15 minutes.（すみません。注文した料理がまだ来ないのですが。15 分も待っているんです）などと言う。

---

what S + V = SがVしたもの
例文は This is not what I asked for. でもよい。自分が何を注文したのか自信がなければ I wonder if I ordered this one.（これ、頼みましたっけ？）と言う。

chapter 8 Eating Out

19 調子に乗って頼み過ぎた。
We got carried away and ordered too much.

---

20 バイキング形式だからって、欲張り過ぎちゃだめだよ。
Well, this is an all-you-can-eat buffet, but you shouldn't pig out.

---

21 テーブルマナーとか、よく分からないの。
I don't know that much about table manners.

---

22 私はB級グルメ専門だから。
I just like everyday food.

---

23 確かカトラリーは外側から、だよね。
We should use the cutlery from the outside in, shouldn't we?

---

24 しまった、こぼしちゃった!
Oh, shoot! I spilled it!

get carried away = 調子に乗り過ぎる

carry ~ away は、「~を連れ去る、~の心を奪う」の意味。「調子に乗り過ぎる」は go overboard とも言う。Don't go overboard.（調子に乗り過ぎないように）。

---

all-you-can-eat buffet = バイキング形式の料理、食べ放題／pig out = ガツガツ食べる

all-you-can-~~ は「~し放題」という意味。all-you-can-drink（飲み放題）、all-you-can-sing（歌い放題）。「食べ放題形式の料理」は smorgasbord dinner とも言うが、viking（バイキング）とは言わない。

---

table manners = テーブルマナー（mannersは必ず複数形）

例文は clue（糸口）を使って I have no clue what table manners are.（テーブルマナーがどういうものなのかまったく分からない）と言い換えることができる。

---

just = ただ~なだけ／everyday food = 普段の食べ物、B級グルメ

everyday は「毎日の」以外にも、「ありふれた、普段の」という意味もある（e.g. everyday clothes= 普段着）。英会話の最中に単語が思いつかない場合、頭の中で「B級」→「一流ではない」→「普段の」という言い換えをするとよい。

---

cutlery = 銀器類、カトラリー（ナイフやフォークなど）

from the outside in は「外側から内側へ」と言う意味。「内側から外へ」は from the inside out。from the top down（上から下へ）、from the bottom up（下から上へ）も同様に覚えておくと便利。

Oh, shoot! = しまった！／spill = ~をこぼす

Oh, shoot! は「（失敗したときに言う）しまった」を意味する間投詞。この場合は Oops!（おっと）でもよい。より強い言い方としては Damn!（くそっ）などがあるが、使う相手や場所に注意しよう。

chapter ⑧ Eating Out

25 食わず嫌いが多いねえ。
There are many foods you reject before even trying them.

26 タコをこんな風に調理したのは初めて食べた。
This is my first time eating octopus cooked like this.

27 ごはんが欲しくなる味だね。
This food gives me a craving for steamed rice.

28 味がぼやけてるなあ。もっとパンチが欲しいよ。
This has a bland taste. I think it needs more spice.

29 最近味が落ちたな。シェフが代わったのかな？
This restaurant has lost its touch recently. Has the chef been replaced?

30 値段の割においしいしボリュームがあって、大満足。
For its price, the food is tasty and there's a large amount. I'm so pleased.

reject =［食べ物を］受け付けない／try = 〜を試食する

「〜が食わず嫌いである」は reject 〜 out of hand と言う。My brother rejects *sashimi* out of hand.（兄は食わず嫌いで刺身を食べない）。

---

octopus = タコ／cook 〜 = 〜を調理する

「珍味」は delicacy と言う。Octopus is regarded as a delicacy in some western countries.（西洋諸国ではタコを珍味として扱う国もある）、I want to try out all sorts of delicacies.（あらゆる種類の珍味を試してみたいんだ）。

---

craving for 〜 = 〜に対する欲求／steam = 〜を蒸気で料理する

「〜が食べたくて我慢できない」は動詞句 kill for〜（〜のためなら人殺しさえする）という誇張した表現を使って、I would kill for pizza now.（今、ピザが食べたくてたまらないわ）などと言う。

---

bland =［食べ物の味が］薄い、淡白な

bland は「味が薄い」という意味だが、「［飲み物の］味がない」は vapid。vapid beer（気の抜けたビール）。

---

touch = 手際、巧みな才能／recently = 最近／replace = 〜に取って代わる

lose one's touch で「腕が落ちる、下手になる」。「技量が落ちないようにする」は keep one's touch と言う。He always tries to keep his touch as a chef.（彼はシェフとして常に技量が落ちないようにしている）。

---

tasty = おいしい／amount = 分量／pleased = 満足した、うれしい

for 〜 は「〜の割には」という意味の前置詞。The chef is highly-skilled for his age.（そのシェフは年の割には熟練している）。

chapter 8 Eating Out

31 ここは安くておいしくてボリュームたっぷりと、三拍子そろってるね。
The food here is a triple threat: cheap and tasty and lots of it.

32 この店、店員の態度は悪いけど味は確かだね。
The staff here are not very polite but you can rely on the food.

33 並んでまで食べる価値はあるね。
This food is worth waiting in a long line for.

34 テレビで紹介されたから来てみたけど、大したことないな。
I came here after seeing it on TV. It's no big deal, though.

35 なんだか少なくて物足りないね。
Apparently, it's not enough to fill my belly.

36 一皿の量が多過ぎて、食べきれないよ。
I can't finish the food because there is too much on every plate.

triple = 3重の／threat = 脅威、脅かすもの

triple threat で「三拍子そろった人、物」の意味。この threat には否定的な意味はない。 Do you really believe that smoking is not a threat to your health?（喫煙が健康への脅威とならないと本当に信じてるの？）は否定的な例。

---

staff = スタッフ(単数・複数同形)／polite = 丁寧な、丁重な／rely on ~ = ~に頼る

「~への態度が悪い」は be impolite / not polite to ~ と言うが、have a bad/poor attitude だと意味が強くなる。The waiter was fired because of his bad attitude.（態度が悪いため、そのウエイターはクビになった）。

---

worth -ing = ~する価値がある／in a long line = 長い列に並んで

「順番待ちのリスト」は waiting list と言う。I should put down my name on the waiting list first.（まず、順番待ちリストに名前を記入しないと）、Where am I on the waiting list?（私はリストで何番目ですか？）。

---

big deal = 大ごと、大げさな話／though = でも、やっぱり

It's no big deal. で「大騒ぎすることではない」の意。It's not a big deal. / It's not that big a deal.（大したことじゃない）よりも意味的に強い。

---

apparently = 見たところ~／fill one's belly (=satisfy one's hunger)= 食欲を満たす／belly = おなか、胃、食欲

「[食べ物が]少量」は small portion。I wonder why they serve small portions in this restaurant.（どうしてこの店は少量でしか出さないのかなぁ）。

---

finish(= finish eating) = ~を食べ切る

「[食べ物を]平らげる」は polish off と言う。Wow, look how fast he polished off the plate!（うわ、彼はなんて早く一皿を平らげたんだ！）。

chapter 8 Eating Out

37 もうおなかいっぱい。
I've had plenty.

38 この店、テイクアウトできるかな。
I wonder if this restaurant has some food to go.

39 デザートは別腹だよねえ。
Well, I always have room for dessert.

40 雰囲気いいお店だね。場所を覚えておこう。
This restaurant has a nice atmosphere. I'll have to remember how to get here.

41 今日は酔いが早く回るなあ。
The liquor's hit me so fast today.

42 全員そろったから、もう1回乾杯しよう！
Let's make another toast, as everyone's here now!

plenty = たくさんの量、十二分な量
「おなかいっぱい」は I'm full. とも言う。しかし、I've had enough. は「もう十分、これっきりにしてくれ」という否定的な意味になるので注意。

wonder if ~ = ~かどうか（疑問に思う）／to go = 持ち帰り用の（米） cf. take away＝持ち帰る（英）
アメリカのファストフードでは For here or to go?（こちらでお召し上がりですか、それともお持ち帰りですか？）と尋ねられる。イギリスでは普通 Eat here or take away? と言われる。take out は一般的に言わない。

room = 余地、空き
have room for ~ で「~のための空き／スペースがある」の意。「甘いもののために別腹をとっておく」は、save room for sweets. と言う。

atmosphere = 雰囲気／how to ~ = ~の仕方
「[場所の] 雰囲気が良い、ムーディーな」は× This place is moody. とは言わないので注意。moody は「[人が] 気分屋の」の意。She is moody and sometimes hard to talk to.（彼女は気分屋なので、ときどき話しかけにくい）のように使う。

liquor = 酒、蒸留酒（ウイスキーなど）／hit = ~に効く
「[食べ物や飲み物が] 満足させる、申し分ない」は hit the spot と言う。Cold beer hits the spot on a hot summer day, doesn't it?（夏の暑い日には冷たいビールがしみわたるね）。

make a toast = 乾杯する
「乾杯する」はそのほか、have a toast、raise one's glass などと言う。掛け声の「乾杯！」は Cheers!、Bottoms up! など。また「~を祝して」は Here's to ~、To ~ と言う。Here's to your success. Cheers!（成功を祝して。乾杯！）。

chapter 8 Eating Out

43 もうお酒、そのくらいにしといたら？
Shouldn't you stop drinking with that one?

---

44 この店、地ビールがそろってて最高！
This bar is well-stocked with local beers. I love it!

---

45 ボトルで頼む？
Ask for a bottle?

---

46 すきっ腹に強い酒は危険だよ。
Strong <u>alcohol</u>/<u>booze</u> could be dangerous on an empty stomach.

---

47 やっぱりお酒の締めはお茶漬けでないとね。
This is how we usually end a night of drinking— with *ochazuke*.

---

48 次の店に行きましょうか。
What do you reckon we try another place?

stop ~ with ... = …で〜をやめる

Let's call it a night.（今夜はこの辺でお開きにしよう）は、仕事終わりだけではなく、飲み会の最後にも使う表現。主に仕事の際に使う似た表現は Let's wrap it up.（この辺で［仕事や会議を］終わりにしよう）。

---

be well-stocked with ~ = 〜の品ぞろえが充実している／local beer = 地ビール

beer は量の多少を述べる場合は不可算名詞（e.g. a lot of beer）だが、例文は種類についてなので beers になっている。「〜の品ぞろえが良い」は have a wide selection/range of ~、have a variety of ~ とも言う。

---

ask for ~ = 〜を頼む、注文する

例文は Why don't we ask for a bottle? または How about asking for a bottle? などを略した表現。くだけた会話では主語や助動詞が省略されることが多い。

---

could = 〜の可能性がある(canより低い可能性)／dangerous = 危険な

empty stomach は「すきっ腹」のこと。Deep-fried foods are heavy on an empty stomach.（すきっ腹に揚げ物はもたれる）、You can't fight on an empty stomach.（腹が減っては戦はできぬ）。

---

end = 〜を終わらせる、締めくくる

「締めくくる」は finish を使って、I usually finish my lunch with a cup of coffee.（私は普段、コーヒーでランチを締めくくる）のように言うこともできる。

---

reckon = 〜を思う、考える

reckon は「考える、思う」という意味で consider や think about と似た意味。What do you reckon?（どう思う？）。例文は What do you reckon about trying another place? とも言える。

chapter 8 Eating Out

49 今日は私にごちそうさせて。
Let me treat you today.

---

50 すみません、お勘定をお願いします。
Excuse me. Can I have the bill, please?

---

51 このお店、カード不可だって。
They say this restaurant doesn't take credit cards.

treat ~ = 〜をもてなす、〜におごる

「おごること」に関する表現には、I'll buy you lunch.（ランチおごるよ）、This dessert is on me.（このデザートは僕のおごりだよ）などがある。

---

bill = お会計、勘定

「お会計」は check とも言うが、Check please.（お会計をお願い）はぶっきらぼうな言い方。<u>Can</u>/<u>May</u> I have the check, please? という言い方がより丁寧。

---

take ~ = 〜を取り扱う／credit card = クレジットカード

「クレジットカードで支払えますか？」は Can I pay <u>with a</u>/<u>by</u> credit card? また、より丁寧に Do you accept credit cards? と言う。

Skit 外食編

パーティーの下見で厳しいチェック

Woman: **You think this place will be good for our party? It looks awful❶ from the outside.**

Man: **Come on❷. This Chinese restaurant is full of local atmosphere. You'll like it.**

W: **I don't know. I can't imagine what it tastes like just by looking at the menu.**

M: **Don't worry. The food here is a triple threat: cheap and tasty and lots of it.**

W: **You seem to be emphasizing❸ quantity❹ rather than quality.**

M: **Come on. Let's each order a dish of our own and share them.**

W: **I'd like a drink. I want to look over the wine list.**

M: **They don't have wine. But the bar is well-stocked with local beers. I love it!**

W: **I don't drink beer. And I can't split this pair of chopsticks apart.**

M: **I'll stop a waiter and get you❺ a new pair.**

W: **This is my first time eating octopus cooked like this. I don't think I like it.**

M: **What's wrong with it❻?**

W: **It's really bland. I think it needs more spice.**

M: **Are you finished❼ already?**

W: **I've had plenty.**

M: **You don't like it here, do you?**

W: **No, I don't. And I don't think our friends will either. How about trying another place?**

女性：ここがパーティー会場の候補？ ひどい店構えね。
男性：いやいや、この中華料理店、現地感たっぷりでさ。君も気に入ると思うよ。
女：どうかしら。メニューを見ただけじゃ味が想像できないわ。
男：心配ご無用。ここの料理は三拍子そろってるんだ——安い、うまい、ボリュームたっぷり。
女：質より量に重きを置いてるみたいね。
男：まあまあ。それぞれ料理を頼んでシェアしようよ。
女：何か飲まなくちゃね。ワインリストを見たいな。
男：ここワインは出さないんだ。でもバーコーナーに地ビールがそろってて、これがいける！
女：私、ビールは飲まないの。それにこの割りばし、なかなか割れないんだけど。
男：ウェーターに言って、新しいのに替えてもらうよ。
女：こんなタコ料理食べたの初めて。私、あんまり好きじゃない。
男：どこがダメなの？
女：味がぼやけてるのよ。もっとパンチが欲しいわ。
男：もう食べないの？
女：十分いただいたわ。
男：ここ、お気に召さなかったみたいだね。
女：ええ、私の友達も気に入らないと思う。別の店探しましょうよ。

【語注】

❶ awful: ひどい、嫌な
❷ Come on.: ちょっと待ってよ。何言ってるんだい。
❸ emphasize: 〜を強調する、重要視する
❹ quantity: 量
❺ get you 〜: あなたのために〜を確保する
❻ What's wrong with 〜?: 〜の何がいけないんですか？
❼ 〜be finished: 〜はすませた

Quick Check

本章に出てきたフレーズを復習しましょう。以下の日本語の意味になるよう英文を完成させてください。答えはページの下にあります。

❶おめかしして高級レストランに行く。 ➡P196
I get ( ) ( ) ( ) and go to a ( ) restaurant.

❷嫌いなものをより分ける。 ➡P199
I ( ) ( ) what I don't ( ) ( ).

❸一見さんお断りだって。お高くとまってるね！ ➡P202
No ( )? How ( )!

❹禁煙席なのに、喫煙席のたばこの煙が流れてくる。 ➡P204
The cigarette smoke is ( ) ( ) here into the ( ) ( ).

❺隣の席の人が食べてるアレ、ください。 ➡P206
Can I ( ) that — what the guy ( ) ( ) ( ) ( ) is having?

❻調子に乗って頼み過ぎた。 ➡P208
We ( ) ( ) ( ) and ( ) ( ) ( ).

❼ごはんが欲しくなる味だね。 ➡P210
This food ( ) ( ) a ( ) ( ) steamed rice.

❽なんだか少なくて物足りないね。 ➡P212
Apparently, It's not ( ) ( ) ( ) ( ) ( ).

❾雰囲気いいお店だね。場所を覚えておこう。 ➡P214
This restaurant ( ) ( ) ( ) ( ). I'll have to remember ( ) ( ) get here.

❿もうお酒、そのくらいにしといたら？ ➡P216
( ) you ( ) ( ) with ( ) ( )?

---

❶all/dressed/up/classy ❷push/aside/care/for ❸first-timers/snobbish ❹drifting/over/non-smoking/area ❺have/at/the/next/table ❻got/carried/away/ordered/too/much ❼gives/me/craving/for ❽enough/to/fill/my/belly ❾has/a/nice/atmosphere/how/to ❿Shouldn't/stop/drinking/that/one

chapter 9　Health & Diet
健康・ダイエット

現代人が特に気を遣うようになったのが
「体」のこと。
栄養のバランスを考えたり
運動したり、ダイエットに苦労したり──
道具やアイテム、やり方は多種多様です。
そして、自分とじっくり向き合う機会でも
あるのでつぶやき表現も多彩なのです。

chapter 9 Health & Diet

Words 単語編

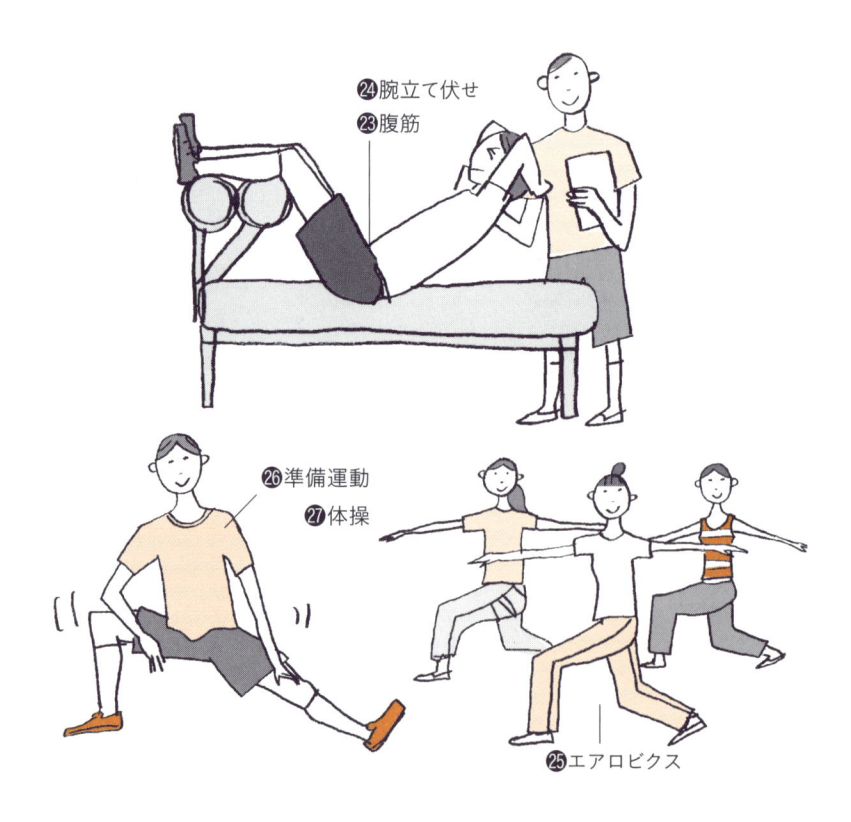

㉔腕立て伏せ
㉓腹筋
㉖準備運動
㉗体操
㉕エアロビクス

❶scale ❷chart ❸clinical thermometer ❹basal body temperature ❺belly ❻waist ❼diet ❽calory ❾weight rebound ❿metabolism ⓫basal metabolism ⓬medical checkup

まずは、さまざまなものの名前で
「健康・ダイエット」のシーンのイメージをつかもう。

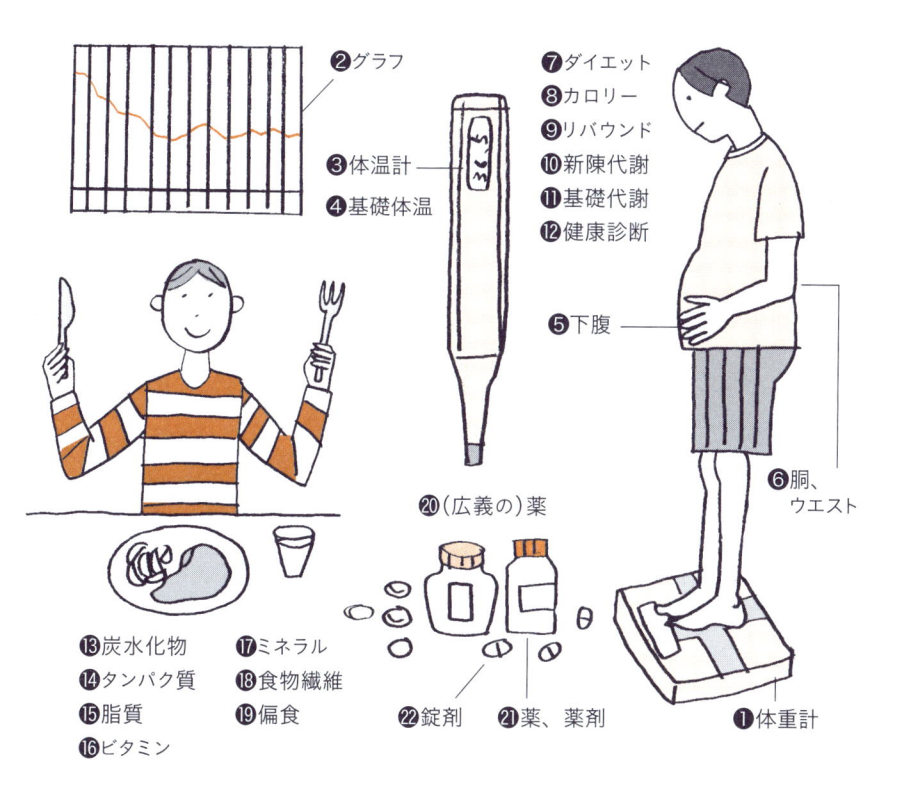

- ❷ グラフ
- ❸ 体温計
- ❹ 基礎体温
- ❼ ダイエット
- ❽ カロリー
- ❾ リバウンド
- ❿ 新陳代謝
- ⓫ 基礎代謝
- ⓬ 健康診断
- ❺ 下腹
- ❻ 胴、ウエスト
- ⓴ (広義の)薬
- ⓭ 炭水化物
- ⓱ ミネラル
- ⓮ タンパク質
- ⓲ 食物繊維
- ⓯ 脂質
- ⓳ 偏食
- ㉒ 錠剤
- ㉑ 薬、薬剤
- ❶ 体重計
- ⓰ ビタミン

⓭carb ⓮protein ⓯fat ⓰vitamine ⓱mineral ⓲dietary fiber ⓳unbalanced diet ⓴medicine ㉑drug ㉒tablet ㉓sit-up ㉔push-up ㉕aerobics ㉖warm-up ㉗gymnastic exercise

chapter 9 Health & Diet

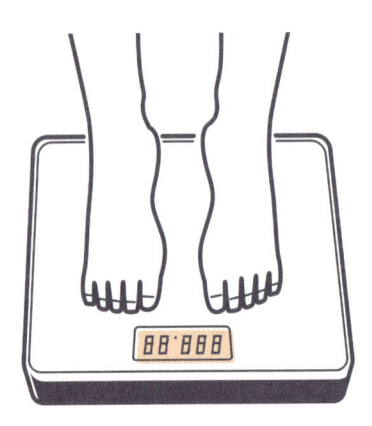

1 体重計で体重を測る
I weigh myself on the scale.

2 体重をグラフに記録する
I record my weight on a chart.

3 流行りのダイエット法に挑戦する
I try a popular / the latest way of dieting.

4 カロリー計算する
I count calories.

5 カロリーを消費する
I burn off / use calories.

tips

❶「体重計に乗る」はget on the scale。「体重は〜キロだ」はweigh 〜 kilos/kilograms、「体重が増える(減る)」はgain(lose) weight。
❸dietingは「ダイエット」。「ダイエットをする」はgo on a diet。
❻このdietは「食事、食習慣」、high/rich in 〜は「〜が豊富な」。
❼cut down on 〜は「〜を減らす」。carbはcarbohydrate(炭水化物)の略。

6 野菜中心のメニューにする
I eat a diet <u>high</u>/<u>rich</u> in vegetables.

7 炭水化物を控える
I cut down on carbs.

8 一食抜く
I skip a meal.

9 骨粗鬆症にならないように気をつける
I try to prevent bone loss.

10 バランスのとれた食事を心掛ける
I try to have a well-balanced diet.

「低炭水化物ダイエット」はlow-carb dietと言う。
❽skipは「～を抜かす」。「食事を絶つ、断食」はfast、「甘い物を食べるのをやめる」は<u>give up</u>/<u>stop</u> eating sweets。
❾preventは「～を防ぐ、予防する」。「骨粗鬆症」は正式にはosteoporosis。
❿「体にいいものを食べる」はeat healthy。

chapter 9 Health & Diet

11 スポーツクラブ/ジムに入会して定期的に通う
I join a <u>sports club</u> / <u>gym</u> and go there regularly.

12 トレッドミルで汗を流す
I work out on a treadmill.

13 心拍数を上げる
I get my heart rate up.

14 腕立て伏せをする
I do push-ups.

15 テレビを見ながらストレッチする
I stretch while watching TV.

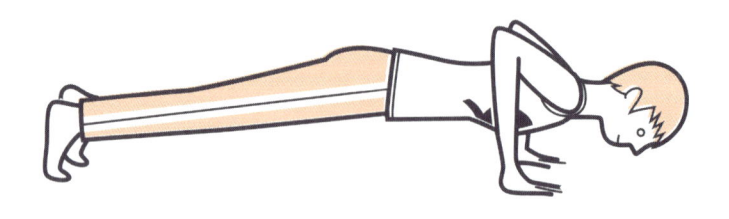

tips

⓫「～に入会する」はbecome a member of~でもよい。
⓮ doはさまざまな運動をするときに使える。「運動/エアロビクス/ヨガ/腹筋/スクワットをする」はdo <u>exercise</u>/<u>aerobics</u>/<u>yoga</u>/<u>sit-ups</u>/<u>squats</u>など。
⓱「階段を上る(下りる)」は<u>climb</u>/<u>go</u> up(down) the stairs。

16 クールダウンする
I cool down.

17 エレベーターやエスカレーターはなるべく使わず階段を使う
Instead of using escalators or elevators, I try to use the stairs.

18 仕事の合間に体を動かす
I exercise in my spare moments from work.

19 1駅手前で降りて歩く
I get off at the <u>station/stop</u> before mine and walk.

20 車でなく自転車で通勤する
I commute by bicycle instead of by car.

⑱ spare は「余分の、予備の」。in one's spare moments で「余暇に、合間に」という意味。
⑲「早歩き」は brisk walking、「歩数計」は pedometer。
⑳ commute は「通勤する」。「自転車で仕事に行く」は ride a bicycle to work。

chapter 9 Health & Diet

21 規則正しい生活をする
I keep regular hours.

22 手洗いとうがいをきちんとする
I wash my hands and gargle properly.

23 姿勢よく立つ
I stand up straight.

24 食べたものの記録をつける
I keep a record of what I eat / I've eaten.

25 基礎体温を記録する
I keep a record of my basal body temperature.

tips

㉑反対の「生活が不規則だ」はkeep irregular hours。「早寝早起きする」はkeep early hours、「夜ふかしする」はkeep late hours。
㉓「背筋を伸ばして座る」ならsit up straight。「前かがみになる」はhunch over。
㉔keep a record of ~ は「~の記録をつける」。(→㉕)

26 インフルエンザのワクチンを打ってもらう
I get a flu shot.

27 人間ドックに入る
I get <u>a thorough medical examination</u> / <u>a complete medical checkup</u>.

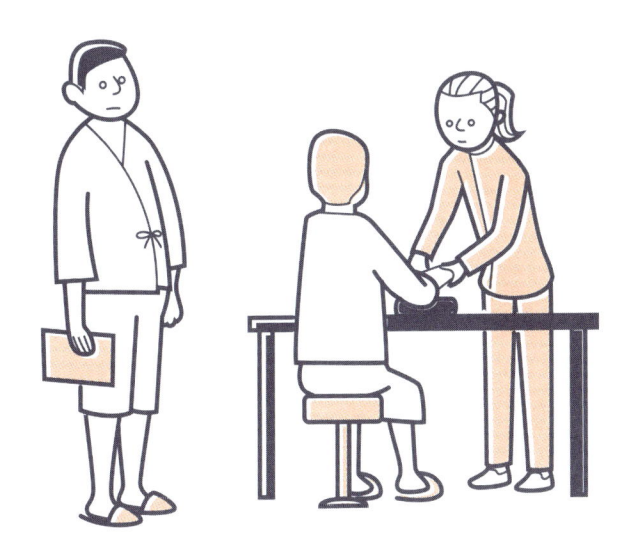

㉖ flu は influenza（インフルエンザ）のこと。shot は「注射」。「インフルエンザのワクチン」は flu vaccine。

㉗ medical checkup は「健康診断」。「定期検診」は routine physical [examination]、「定期検診を受ける」は get regular [medical] check-ups。

chapter 9 Health & Diet

1. 前に買ったパンツが、入らなくなった。
   I can't fit in the pants I bought a while ago.

2. 年とともに新陳代謝が悪くなるんだ。
   Our body's metabolism slows down as we get older.

3. まずは基礎代謝を上げなきゃ。
   First of all, I have to increase my basal metabolism.

4. 太ってて悪うございましたよ!
   Well, excuse me for being so fat!

5. ダイエットは明日から!
   I'll go on a diet starting tomorrow!

6. 水着の季節までに3キロは絞りたいんだよね。
   I want to lose at least three kilograms before the swimsuit season.

fit = [サイズが]合う／fit in ~ = ～にちょうど合う、はまり込む／a while ago = ちょっと前に

「服が合わなくなった」は My clothes don't fit me anymore..。「サイズがきつい」は be tight を使って This skirt/jacket is [too] tight. などと言える。

---

metabolism = [新陳]代謝 cf. metabolic syndrome=メタボリック・シンドローム／slow down = 速度が落ちる、ゆっくりになる／as we get older = 年をとるにつれて

---

first of all = 最初に、まずは／increase = ～を増加させる／basal metabolism = 基礎代謝

基礎代謝はじっとしていても消費されるエネルギーのこと。「もっとカロリーを消費しなきゃ」は I should burn more calories. となる。

---

excuse me for ~ = 〈皮肉をこめて〉～で悪かったね／fat = 太っている cf. overweight=太り過ぎの/obese=[病的な]肥満の

Yeah, I'm overweight, and so what?（ええ、私は太っているけど、それが何か？）とも言える。

---

go on a diet = ダイエットをする／starting tomorrow = 明日から

「ダイエット中」は on a diet、現在「ダイエット中だ」は I'm on a diet. と言う。「体重に気をつけている人」は weight-watcher。

---

at least = 少なくとも／swimsuit(= bathing suit / swimwear) = 水着

さまざまな種類の水着は以下の通り。one-piece swimsuit（ワンピース水着）、bikini（ビキニ）、swimshorts/swim trunks（水泳パンツ）。

chapter 9 Health & Diet

7 飲むだけでやせるなんて、そんなうまい話があるわけないじゃない。
There is no such thing as a weight-loss drink.

8 2時間のウォーキングでやっとケーキ1個分かあ。ばかばかしい。
Two hours' walking burns the same amount of calories as a tiny piece of cake ... so futile!

9 甘いものの誘惑には勝てないなあ。
I can't resist eating sweets.

10 おなか回りのお肉ってどうして落ちないんだろ。
Why is it so difficult to get rid of the fat around my waist?

11 太ももってやせにくいなあ。
It's not easy to lose weight off my thighs.

12 すぐリバウンドするんだ。
I put the weight back on in no time.

There is no such thing as ~ = ～というものはない／weight-loss = 減量
cf. weight-gain=体重増加

There is nothing that will make you thin / lose weight just by drinking it!（飲むだけでやせるものなんてないよ！）とも言える。

---

a tiny piece of ~ = とても小さな〜一つ　cf. a slice of cake=ケーキ一切れ／
futile = 無益な、無意味な

「ばかばかしい」は直訳なら It's nonsense/absurd! となるが、ここでは努力が無意味だということなので futile あるいは It's in vain. などが適切。

---

resist = ～に抵抗する／sweets(=sweet things) = 甘いもの

I can't stop myself from eating sweets.（甘いものを食べるのをやめられない）とも言える。「甘いもの好きだ」は have a sweet tooth、「おやつを食べる」は have a snack。

---

get rid of ~ = ～を取り除く／fat = 脂肪、ぜい肉／around one's waist = 胴の回りの　cf. around my belly=お腹回りの

「ぜい肉を落とす」は get rid of extra weight。「胴回りのぜい肉」のくだけた呼び方は spare tire（予備のタイヤ）。

---

lose weight off ~(=get the weight off ~) = ～の重さを減らす／thigh = 太もも　cf. calf(複数calves)=ふくらはぎ/knee=ひざ

足首から上の部分は leg（脚）、足首から下の部分は foot(足：複数 feet) となるので注意。「足首」は ankle。

---

put the weight on(= gain weight) = 体重が増える／in no time = すぐに、あっという間に

「体重が再び増えた」というなら I regained the weight.。ダイエット後の「リバウンド」は weight rebound。rebound 単独では「反動」という意味になる。

chapter 9 Health & Diet

13 彼女、やせて見違えちゃったな。
She lost some weight and looks so different!

14 ベルトの穴２つ分ウエストが細くなったよ。
My belt is two holes smaller these days.

15 服を全部買い替えないと。
I must replace all my old clothes with new ones!

16 体のラインが崩れてきた気がする……。
I get a feeling that my figure is getting flabby ...

17 くびれがなくなってきてるじゃない！
Look, I'm getting fat around the waist!

18 引き締まった体になりたい！
I want to tone up my body!

lose weight = 体重が減る cf. become thin=やせる／**look different = 違って見える**

I hardly recognized her because she became thin.（やせたので彼女だとはわからなかった）とも言える。

I've had to do my belt up a couple of notches tighter. と言ってもよい。notch は「段階、目盛り」のこと。「ウエストが〜センチ細くなった」と具体的に言うなら I lost ~ centimeters off my waist.。

---

replace ~ with ... = 〜を…と取り替える

例文の ones は clothes を指す。I need to buy all new clothes!（全部新しい服を買わなくては！）と言ってもよい。

---

get a feeling that ~ = 〜の気がする／figure = 体つき、体型 cf. have a good figure=スタイルがいい／**flabby = たるんだ、しまりのない**

「体型が崩れてきた」は I'm losing my shape.

Look = ちょっと、ねえ／get fat = 太る

直訳すると「ウエスト回りが太ってきた」。I have no waist!（<u>ウエスト／くびれ</u>がない！）とも言える。waist は胴回りの一番細い部分を指す。

---

tone up ~ = 〜を鍛える、引き締める

tone は動詞で「〜の調子を整える」という意味がある。「体を鍛える」は get in shape、「<u>引き締まった／ぜい肉のついていない体</u>」は <u>trim</u>/<u>lean</u> body。

chapter 9 Health & Diet

19 ちょっとは筋肉つけないと。
I need to build up my muscles a little.

20 ラジオ体操がこんなにも疲れるものだとは。
I'd never have imagined radio gymnastic exercises would wear me out.

21 腰痛には腹筋が効くよ。
Sit-ups will work for your backache.

22 最近、ジムをさぼりがちだ。
Lately, I don't go to the gym very often.

23 エアロビのスタジオレッスンは女の人だらけで参加しづらいなあ。
I hesitate to join the aerobics lessons [in the studio], because all the other members are women.

24 エクササイズDVDではりきり過ぎて腰が痛い。
I did too much exercise with the DVD and now my back hurts.

build up ~ = ～を増強する／muscle = 筋肉 cf. muscular=筋骨たくましい

「ボディービル」は body building、「ウェートトレーニング」は weight training。

I'd never have imagined = 想像すらしていなかった／gymnastic exercises = 体操 cf. calisthenics=健康体操／**wear ~ out(=make ~ tired) = ～を疲れさせる**

wear の過去形は wore、過去分詞は worn。なお欧米には日本のようなラジオ体操はない。

---

sit-up = 腹筋運動／work for ~ = ～に効果がある／backache(=back pain) = 腰・背中の痛み

Sit-ups will ease your backache.（腹筋が腰痛を和らげるよ）とも言える。英語では「腰」そのものを指す単語はないので、back または lower back と言う。

---

lately(=these days) = 最近／go to the gym(=visit the gym) = ジムに通う

I skip my gym classes.（ジムのレッスンをさぼる）とも言える。日本語と同じで、会話では sports club（スポーツクラブ）より gym を使う方が一般的。

---

hesitate = ためらう、気後れする／aerobics = エアロビ[クス]

because 以下は、because I'm the only guy/man in the group（私がグループでただ一人の男性だから）とも言える。

---

do exercise = 運動する／do too much ~ = ～をやり過ぎる／hurt = 痛む

「腰が痛い」は My back is sore / in pain. または I have a backache. と言ってもよい。

chapter 9 Health & Diet

25 準備運動しないから脚がつるんだよ。
You didn't do a warm-up. No wonder you got a cramp in your leg.

26 筋肉痛が3日後に出るなんて、私も歳だ。
I guess I'm getting old, because I have sore muscles three days later.

27 デスクワークばかりで、運動不足だ。
I get too little exercise because I work sitting at a desk most of the time.

28 外食だけだと、1日30品目なんて、無理。
I always eat out, so it's impossible to get 30 ingredients a day.

29 和食中心にしたら、コレステロール値が下がった！
My cholesterol level dropped since I began eating mainly Japanese food.

30 偏食がたたって貧血になっちゃった。
Because of my unbalanced diet, I now have anemia.

warm-up (= warm-up exercises) = 準備運動／No wonder ~ = ~も不思議ではない／cramp = けいれん／get a cramp in one's leg = 脚がつる cf. get a cramp in the calf=こむらがえりを起こす

後の文は That's why you got a cramp in your leg.（だから脚がつったんだよ）とも言える。

I guess ~ = 〈軽く〉~だと思う／sore muscles (= muscle ache/pain) = 筋肉痛／sore = 痛い

「筋肉痛だ」は My muscles are sore/ache.

---

too little ~ = ほとんど~ない／most of the time = ほとんどの時間 cf. all day=一日中

「デスクワーク」は desk work、「机に向かって仕事する」は work at one's desk とも。

---

eat out = 外食する／ingredient = 食材 cf. food items=食品の品目

「毎日~品目食べる」は eat ~ food items every day とも言える。「自炊する」は cook/fix/prepare one's own meals、do one's own cooking、cook at home などと言う。

---

cholesterol level = コレステロール値／drop (=lower) = 下がる／Japanese food = 日本食、和食

「[血中]コレステロール値が高い」は have high [blood] cholesterol level。「高血圧」は high blood pressure、「高血糖」は high blood sugar/glucose、「中性脂肪」は neutral fat。

---

unbalanced diet = 偏食、バランスの悪い食生活／anemia = 貧血

「私は食べ物の好き嫌いが激しい」は I am a picky eater.、「貧血で目まいがする」は I am getting dizzy from the lack of blood.。

chapter 9 Health & Diet

31 最近体力の衰えを感じる。
I don't have as much energy as I used to.

32 昔は徹夜しても翌日仕事できてたんだけど。
In the past, I could stay up all night and work through to the next day.

33 生理痛が重くて。
My cramps are killing me.

34 目が疲れちゃったなあ。
My eyes are weary.

35 風邪っぽいから薬を飲んで寝よう。
I think I'm getting a cold, so I'll take some medicine and go to bed.

36 体質改善してアレルギーをなくしたい。
I want to improve my health and become allergy-free.

energy = エネルギー、活力／as much ~ as ... = …と同じぐらいの〜

I used to の後に have が省略されている。I don't have as much strength as I did.（以前ほどの体力がない）とも言える。

In the past = 以前は／stay up all night = 徹夜する

I used to stay up all night and work through to the next day. とも言える。「徹夜で働く」は work <u>overnight</u> ／ <u>through the night</u>、特に「深夜まで／徹夜で勉強する」場合 burn the midnight oil という表現がある。

---

cramps(=menstrual cramps:月経痛) = 生理痛 cf. cramp=急激な腹痛、けいれん／**kill = 〜を痛みなどで参らせる** cf. My feet are killing me.=足が痛くてたまらない

I'm suffering from severe menstrual pains.（ひどい生理痛でつらい）とも言える。「生理痛がする」は I've got cramps.。

---

weary = 疲れた cf. weary eye=疲れ目/eyestrain=[酷使による]目の疲れ

weary の代わりに tired でもよい。「疲れた目をこする」は rub one's <u>tired</u>/<u>weary</u> eyes。

---

be getting a cold = 風邪を引きかけている／take medicine = 薬を飲む／medicine =[最も広い意味での]薬、内服薬 cf. drug=薬、薬剤/pill (=tablet)=錠剤

「薬を飲む」場合、動詞は drink ではなく take を使う。

---

improve one's health = 健康を増進する、体質を改善する／allergy-free = アレルギーのない／~-free = 〜のない

allergy[ǽlərdʒi] は発音に注意。「アレルギーをなくす」は get rid of my allergies と言ってもよい。

chapter 9 Health & Diet

37 忙しくても健康診断は受けておかないとね。
I should get a medical checkup no matter how busy I am.

---

38 健康第一だよ。
Staying healthy is the most important thing.

medical checkup (= medical examination) = 健康診断／no matter how ~ = どんなに～でも

「どんなに忙しくても」は ... even though I'm very busy. と言ってもよい。「精密検査」は thorough checkup/examination、「治療を受ける」は get/undergo [medical] treatment。

---

stay healthy (= stay well / keep one's good health) = 健康を維持する／the most important ~ = いちばん大切な～

There is nothing more valuable than good health.「健康よりも価値あるものはない」と言ってもよい。

Skit 健康・ダイエット編

それじゃ、やせるの無理だって！

Woman: **Wow, Bob! I haven't seen you in a while❶. You've lost some weight and you look so different.**

Man: **Thanks for noticing! I couldn't fit into the pants I bought a while ago, so I joined a gym and go there regularly now.**

W: **I get too little exercise because I work sitting at a desk all day. But after work I'm too tired to❷ go to the gym.**

M: **There are other things you can do. Instead of escalators or elevators, try to use stairs.**

W: **Climbing stairs makes my back hurt❸.**

M: **Sit-ups will work for your back pain.**

W: **I hate sit-ups!**

M: **Well, when you go home, get off at the stop before yours and walk.**

W: **Did you know two hours' walking burns the same amount of calories as a tiny piece of cake? It's useless.**

M: **But staying healthy is the most important thing.**

W: **I weigh myself on the scale every morning. And I count calories. If I gain some weight❹, I cut down on carbs or skip meals.**

M: **That won't work❺ forever. Your body's metabolism will slow down as you get older.**

W: **Are you saying I'm getting old?**

女性:あら、ボブ! しばらくね。あなた、やせて見違えちゃったわ。
男性:気づいてくれてありがと! ちょっと前に買ったパンツがはけなくなっちゃって、それでジムに入会して通ってるんだ。
女:私は日がなデスクワークだから運動不足で。仕事の後じゃ疲れてジムにも行けないわ。
男:やれることはほかにもいろいろあるよ。エスカレーターやエレベーターを使わずに階段を使うとか。
女:階段上ると腰が痛くなるのよ。
男:腰の痛みには腹筋が効くよ。
女:腹筋なんてやだ!
男:じゃあ、家に帰る時、手前の駅で降りて歩くとか。
女:2時間歩いても、ケーキ1切れ分のカロリーしか消費できないって知ってた? 無駄よ。
男:でも健康第一じゃないか。
女:私は毎朝体重を測って、カロリー計算もしてるの。もし体重が増えたら、炭水化物を減らすか食事を抜くわ。
男:そんなのずっとは続かないよ。年を取ったら新陳代謝も悪くなるんだから。
女:私がもう年だって言うの?

【語 注】

❶I haven't seen you in a while.: しばらく会いませんでしたね。
❷too tired to ~: 疲れ過ぎて〜できない
❸make ~ hurt: 〜を痛くさせる
❹gain weight: 体重が増える
❺work: 効き目がある、うまくいく

Quick Check

本章に出てきたフレーズを復習しましょう。以下の日本語の意味になるよう英文を完成させてください。答えはページの下にあります。

❶野菜中心のメニューにする。 ➡P227
I eat a diet ( ) ( ) ( ).

❷腕立て伏せをする。 ➡P228
I ( ) ( ).

❸仕事の合間に体を動かす。 ➡P229
I ( ) ( ) ( ) ( ) from work.

❹基礎体温を記録する。 ➡P230
I ( ) ( ) ( ) ( ) my ( ) ( ) temperature.

❺まずは基礎代謝を上げなきゃ。 ➡P232
( ) ( ) ( ), I have to increase my ( ) ( ).

❻おなか回りのお肉ってどうして落ちないんだろ。 ➡P234
Why is it so ( ) to ( ) ( ) ( ) the fat around my waist?

❼引き締まった体になりたい！ ➡P236
I want to ( ) ( ) my body!

❽エクササイズDVDではりきり過ぎて腰が痛い。 ➡P238
I ( ) ( ) ( ) exercise with the DVD and now ( ) ( ) ( ).

❾準備運動しないから脚がつるんだよ。 ➡P240
You didn't ( ) ( ) ( ). ( ) ( ) you got a ( ) in your leg.

❿目が疲れちゃったなあ。 ➡P242
( ) ( ) are ( ).

---

❶high(rich)/in/vegetables ❷do/push-ups ❸exercise/in/my/spare/moments ❹keep/a/record/of/basal/body ❺First/of/all/basal/metabolism ❻difficult/get/rid/of ❼tone/up ❽did/too/much/my/back/hurts ❾do/a/warm-up/No/wonder/cramp ❿My/eyes/weary

chapter 10　At Night
夜

夜、帰宅してから寝るまでの表現です。
着替えて、お肌の手入をして、
寝る準備をして、といったルーティーンの中、
物思いにふけったり、
明日の準備について考えたり。
一日の終わりにクールダウンしながらの動作や
ふと心に浮かんでくるさまざまな表現を
見てみましょう。

chapter 10 At Night

Words 単語編

- ⑧ エアコン
- ⑨ タイマー
- ㉔ 防犯システム
- ⑫ マッサージ
- ⑬ (顔の)しみ
- ⑭ しわ
- ⑮ にきび・ふきでもの
- ⑲ メイク落とし
- ⑳ クレンジングクリーム
- ⑱ 脱毛クリーム
- ⑰ 毛抜き
- ⑯ 脇
- ⑪ 寝巻き
- ⑩ ネグリジェ
- ㉓ 寝酒
- ㉑ 栄養クリーム
- ㉒ マニキュア

❶bathtub ❷bubble bath ❸facial mask ❹shampoo ❺conditioner ❻bath powder ❼shower gel ❽air conditioner ❾timer ❿nightgown ⓫nightwear ⓬massage ⓭blemish ⓮

まずは、さまざまなものの名前で
「夜」のシーンのイメージをつかもう。

❷泡風呂
❸顔パック
❼ボディソープ
❶バスタブ
❻入浴剤
❹シャンプー
❺リンス

wrinkle ⓯pimple/spot ⓰armpit ⓱tweezer ⓲hair-removing cream ⓳makeup remover ⓴cleansing cream ㉑nourishing cream ㉒nail polish ㉓nightcap ㉔home security system

chapter 10 At Night

1 玄関の鍵を開ける
I unlock the front door.

2 電気をつける
I turn on the lights.

3 ネクタイをはずす
I take off my tie.

4 上着をハンガーにかける
I hang up my jacket.

5 化粧を落とす
I take off my makeup.

tips

❸ take offは身に着けたものを「取る、外す」。clothes（服）、shoes（靴）、glasses（眼鏡）、contact lenses（コンタクト）などが続く。
❺「メーク落とし」はmakeup remover、「クレンジングクリームで化粧を落とす」はwipe off one's makeup with cleansing cream。
❼ prepare in advanceは「前もって準備する」。

6　晩酌をする
I have a drink with my dinner.

7　明日の晩ごはんの下ごしらえをしておく
I prepare in advance for tomorrow's dinner.

8　回覧板をお隣に回す
I pass a bulletin to my neighbor.

9　子どもの宿題をみる
I check my child's homework.

10　明日何を着ていくか考える
I decide what to wear for tomorrow.

❽bulletinは「掲示板」。欧米ではいわゆる「回覧板」はないのでpass a notice around from house to house in the neighborhood(お知らせを近所の家から家へ回す)と説明するとより親切。
❾「子どもの宿題を手伝う」はhelp with one's child's homework。
❿「明日の服を選ぶ」はpick out one's clothes for tomorrow。

ID # chapter 10 At Night

11 風呂をわかす
I heat the bath water.

12 シャンプーで髪の毛を洗う
I shampoo/wash my hair.

13 半身浴する
I soak waist-down in a bathtub.

14 バスタオルで体をふく
I dry my body.

15 ドライヤーで髪をかわかす
I blow-dry my hair.

tips

❶「風呂をわかす」場合は沸騰させないのでboilと言わない。「風呂掃除する」はclean the bathtub、「風呂にお湯を張る」はfill the bath / fill in the bathtub with hot water。
❷「髪を洗い流す」はrinse one's hair、「リンスする」はput conditioner on one's hair、「リンス」は [hair] conditioner。

16 念入りにボディーケアをする
I take good care of my body.

17 デトックスする
I detox myself.

18 わき(腕／脚)の無駄毛を処理する
I shave/wax my armpits (arms/legs).

19 頭皮マッサージをする
I massage my scalp.

20 鼻パックをする
I apply a pack/mask to my nose.

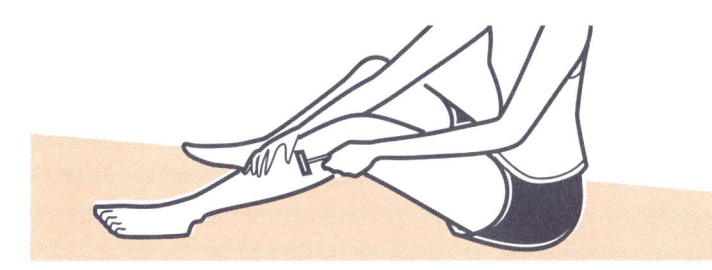

❸ waist-down は「腰から下」。「足湯」は footbath。
⓰ 「体を念入りにケアする」は look after one's body carefully でもよい。
⓲ armpit は「わき」。「脱毛する」は remove one's hair、「脱毛クリームを使う」は use hair-removing cream、「毛抜きで眉毛を抜く」は pluck one's eyebrows with tweezers。

chapter ⑩ At Night

21 本を読んで子どもを寝かしつける
I read a bedtime story to my child.

22 夜ふかしする
I stay up late.

23 エアコンのタイマーをつける
I turn on the timer for the air conditioner.

24 ふとんを敷く
I put down / lay out a *futon*/bedding.

25 ふとんに入る
I get into bed.

tips

㉑「絵本を読み聞かせて寝かせる」は read a picture book to one's child till he/she falls asleep。「おとぎ話、童話」は fairy tale/story。
㉒ stay up は「寝ずに起きている」。「徹夜する」なら stay up all night。
㉔ lay out は「〜を広げる」。
㉕ get into bed は「ベッド(ふとん)に入る」。go to bed は「寝る」。

フレーズを使って会話をうまく進める練習

荒井 貴和　Text by Kiwa Arai

　会話をうまく進めるポイントは、(1)自分の伝えたいことを言う、(2)相手の言っていることをきちんと受けとめて適切に対応する、のふたつである。以下、このふたつを実現するための練習法を紹介する。

1.「自分の伝えたいことを言う」ために

　これは一人でも練習できる。**本書のフレーズのうち、自分の体験や気持ちにぴったりくるものを覚えて使ってみよう。**何も考えずに機械的に練習するよりも、自分に当てはめて考えながら言うととても覚えやすくなる。

　自分に当てはまらないフレーズなら二通りの活用方法がある。ひとつは自分だったらこうだ、と**言い換えて新しいフレーズを作ってみる。**「電車に乗る」I get on the train.ではなく「バス」ならI get on the bus.のように自分でフレーズを作ってみよう。もうひとつは**架空の人物になりきる**ことだ。例えば、実際は会社員や主婦でなくても、自分が会社員・主婦だったらと想像してみて、そのフレーズを使ってみる。こうすることで表現の幅が広がるし、ほかの人が言っていることを理解する助けにもなる。

2.「相手の言っていることを受けとめて適切に対応する」ために

　まず、相手がいる会話では、**会話の流れがとぎれないようにお互いの話にリズムよく反応し合う**ことが大切である。自分の言いたいことがすぐに出てこない時にはUh.../Well.../Let me see...などと言って時間を稼ぎながら考えるとよい。

　また、**本書のフレーズを疑問文にすると相手にさまざまなことが質問できる**（I check my fortune on TV. →Do you check your fortune on TV?）。相手から質問されたらYesやNoの一言で終わらせずに、**何か付け加えたり**（"Do you go to the gym?" "Yes, at least once a week."）、相手に**質問を返したり**（And you?/How about you?）すると会話がつながる。相手の話を聞く時には、適切に**あいづちを打ったり**（Uh-huh./Is that so?/Right./I see.）、**身振り**（うなずくなど）できちんと聞いていることを示すとよい。相手の言ったことやその一部分を**繰り返す**（"I do the gardening." "Oh, the gardening?/You do the gardening?"）のも効果的だ。

chapter ⑩ At Night

1. タマ〜、いい子にしてた？
   Hi, Tama! Were you a good girl today?

2. また午前様か。
   It's past midnight again!

3. しまった、鍵開けっ放しだった！
   Oh no! I left the door unlocked!

4. うわ、エアコンつけっ放しで出ちゃったんだ。
   Oops, I forgot to turn off the air conditioner when I left.

5. 今日は田舎から荷物が届く日だ！
   A package from my hometown should arrive today!

6. ちゃんと録画できてるかな。
   Has the program been recorded all right?

good girl = いい子(女の子、雌) cf. bad girl=悪い子/naughty girl=いたずらっ子(男の子、雄の場合はもちろんboy)

「いい子にしていてね」は Be a good girl/boy.。「ただいま」に決まった言い方はなく Hi!、または I'm home! / I'm back! などと言う。

---

past = 過ぎて／midnight = 真夜中、午前0時 cf. at a late(an early) hour=夜遅く(朝早く)/wee hours [of the morning] = 早朝、未明

I came home after midnight.（夜中過ぎに帰宅した）と言ってもよい。

---

left<leave = 〜のままにしておく／unlocked = 鍵の掛かっていない cf. unlock=〜の鍵を開ける/lock=〜の鍵を掛ける(lock/unlock the door=ドアの鍵を掛ける/開ける)

「ドアに鍵を掛けるのを忘れた！」なら I forgot to lock the door!。

---

forget to 〜 = 〜するのを忘れる／turn off 〜 = 〜をオフにする、止める cf. turn on 〜 =〜をつける／left<leave = 出掛ける

I left the air conditioner on and went out.（エアコンをつけっ放しで外出した）でもよい。この left(leave) は 3 の例文の left と同じ意味。leave 〜 on で「〜をつけっ放しにしておく」。

---

package = 荷物、包み／hometown = [生まれ]故郷、出身地

should〜 は「〜するはずだ」という確信のある推測を表している。I'm supposed to receive a package from my hometown today.（今日田舎からの荷物を受け取ることになっている）とも言える。

---

record = 〜を録画する cf. record a TV program=テレビ番組を録画する／**all right = 大丈夫で**

「予約録画」は timer/programmed recording、「リモコンでコマーシャルを飛ばす」は skip commercials with the remote.

chapter 10 At Night

7 ああ、小腹がすいたなあ。
Gee, I'm a little bit hungry.

8 夜食にインスタントラーメン食べちゃおう。
I'm going to eat instant noodles for a midnight snack.

9 味気ないけど、とりあえず今晩はこれをレンジでチンして済ませよう。
It's not very appetizing, but I'll just microwave this for my dinner.

10 最近肌がかさかさだなあ。
Recently my skin has started drying out.

11 あっ、こんな所にしみができてる〜。
Oh, I've found a blemish here.

12 このしわ、なんとかならないかしら。
Can't I do anything to smooth this wrinkle?

Gee = う〜ん、へえっ／a little bit = ほんの少し

I'm sort of hungry.（いくぶんおなかが空いている）とも言える。「おなかがペコペコだ」は I'm starving/starved !、「満腹だ」は I'm stuffed/full.、「おなかがグーグーなっている」は My stomach's growling.。

---

instant noodles = 即席めん cf. noodle=めん類／buckwheat noodle=そば／wheat noodle=うどん／Chinese noodle=中華めん／fried [Chinese] noodle=焼きそば／**snack = 間食、おやつ**

カップめんなら I'll have a Cup noodle for a late-night snack. でもよい。

---

appetizing = 食欲をそそる cf. delicious=おいしい／**microwave = 〜を電子レンジにかける** cf. stove=コンロ/oven=オーブン/toaster oven=オーブントースター

microwave は名詞では「電子レンジ」で、「〜を電子レンジに入れる（温める）」は put(heat) 〜in the microwave と言える。

---

dry out = 乾燥してパサパサになる

Recently my skin has been dry. とも言える。「すべすべの肌」は smooth skin、「はりのある肌」は firm/supple skin、「肌にうるおいを与える」は moisturize one's skin。

---

blemish = しみ、傷 cf. blotch=しみ、できもの/freckles=そばかす

「顔（ひたい／ほお／あご）に…」と具体的な場所を言う場合は here の代わりに on my face(forehead/cheek/chin) と言う。

Can't I do anything? = 何とかできないか？／wrinkle = しわ
cf. lines(=creases) around one's mouth=口の回りのしわ/crow's feet=目尻のしわ／smooth a wrinkle=しわを伸ばす

Can't I do anything to remove this wrinkle? とも言える。

chapter ⓾ At Night

13 お肌の曲がり角って、何歳のこと?
At what age does our skin start showing signs of aging?

---

14 吹き出物がなかなか治らないなあ。
These pimples don't go away easily.

---

15 うわ、足がすごくむくんでる。
Wow, my feet are <u>badly</u>/<u>quite</u> swollen.

---

16 髪の毛の傷みがひどいなあ。この週末は美容院へ行かなきゃ。
My hair is <u>badly</u>/<u>so</u> damaged. I have to go to the beauty shop this weekend.

---

17 今日は自分へのご褒美にいい入浴剤を使おう。
I'm going to use a nice bath powder as a treat for myself tonight.

---

18 のんびり入浴すると生き返るなあ。
It's so refreshing to soak in a bath comfortably.

start showing signs of ~ = ~の兆候を見せ始める／aging = 老化 cf. age=年をとる(動詞)/aging society=高齢化社会

When is the turning point for our skin? とも言える。turning point は「曲がり角、転換点」。

---

pimple(= spot) = にきび、吹き出物 cf. spot cream=にきび治療クリーム/pock mark=にきびのあと／**go away = 消える、治る／easily = 簡単に**

I can't get rid of these pimples. とも言える。

---

feet<foot = 足／badly = ひどく／quite = とても／swollen = むくんだ、はれ上がった cf. swollen hand(leg)=むくんだ手(脚)/swell=むくむ、~をはれさせる

「一日中立ちっぱなしで足がむくんだ」は My feet are swollen [up] from standing all day.。「脚がだるい」なら My legs feel heavy.。

---

badly = ひどく／damage = ~を傷つける／beauty shop(=beauty parlor / beauty salon / hair salon) = 美容院 cf.barber shop=理髪店

「髪が薄くなってきた」は My hair is thinning.。「髪を切ってもらう」は get/have a haircut、get/have one's hair cut、「パーマをかけてもらう」は have one's hair permed、「髪を染める」は get/have one's hair colored.

---

bath powder = 入浴剤 cf. bubble bath=気泡剤、泡風呂/shower gel=ボディソープ、シャワージェル／**treat = ご褒美**

I'm going to use a good bath powder as a reward to myself tonight. とも言える。「入浴剤を入れる」は put some bath powder in the bathtub.

---

refreshing = 元気の出る、さっぱりする／soak = つかる、浸す

It's so refreshing to take/have a leisurely bath.（ゆっくり風呂に入るのは生き返る）とも言える。leisurely は「くつろいだ、のんびりした」。逆に「カラスの行水をする」なら have a quick bath。

chapter ⓾ At Night

19 きょうはお風呂めんどくさいな、明日の朝にしようか。
I don't feel like taking a bath tonight. Maybe I'll take one in the morning.

20 このパック、おうちでエステ気分を味わえるわ。
This facial mask makes me feel like I'm at a beauty salon.

21 風呂上がりの一杯はおいしいなあ。
Nothing tastes better than a beer after a bath.

22 ナイトキャップでも一杯やろうかな。
I think I will have a nightcap.

23 うとうとしてたらテレビが砂嵐になってた。
Broadcasting on TV finished while I was dozing off.

24 最近、実家に電話してないなあ。
I haven't phoned home to my parents recently.

not feel like ~ = 〜する気がしない cf. be reluctant to~=〜するのがおっくうだ

2行目の one は a bath を指す。「シャワーを浴びる」は take a shower、「朝シャンする」は <u>wash</u>/<u>shampoo</u> one's hair in the morning。

---

facial mask = 顔用パック／make ~ feel like ... =〜を…の気分にさせてくれる／beauty salon（=aesthetic <u>salon</u>/<u>spa</u>）= 美容院、エステサロン

直訳は「パックはエステにいる気分にさせてくれる」。「エステする」は <u>get</u>/<u>receive</u> beauty <u>salon</u>/<u>spa</u> treatment。

Nothing ~ better than ... =…よりもさらに〜なものはない／taste = 味がする／a beer = 一杯/一本のビール

A <u>beer</u>/<u>drink</u> after a bath is so good. でもいい。「風呂上がりにいつもビールを飲む」は I always have a beer after my bath.。

---

nightcap = ナイトキャップ、寝酒／<u>have</u>/<u>take</u> a nightcap = 寝酒を飲む

「寝る前に一杯飲む」は have a drink <u>before bed</u> / <u>at bedtime</u>、「寝酒でもどう？」なら How about a nightcap?。

---

broadcasting on TV = テレビの放送／while ~ = 〜している間／doze off = うたた寝する cf. nod off=うとうとする/nap=うたた寝[する]

「テレビの砂嵐」は専門用語で snow noise、"snowy" noise pattern と言うが、一般的な言葉ではないので例文のように「放送が終わっていた」と単純に言うのがよい。

---

phone（=call）= 電話する

I haven't called my parents. でもよい。「実家」は one's parents' home（親の家）または parents（親）を指すので「実家に帰る」は go home to [see] one's parents となる。

chapter ⑩ At Night

25 家と会社を往復するだけの毎日。こんな人生でいいんだろうか。
Every day I just go back and forth to work. Is this all there is in my life?

26 人生、なかなかうまくいかないもんだなあ。
Things don't always go well in life.

27 明日の段取りを今のうちに考えておかないと。
I have to work out a plan and make arrangements for tomorrow.

28 明日の会議のこと考えると憂鬱。
I feel down when I think about the meeting tomorrow.

29 とりあえず今日はもう寝よう、考えても仕方ないし。
I'll go to bed now. It's no use thinking about it.

30 寝る前に戸締まりを確認しなきゃ。
I have to make sure the doors are locked before going to bed.

go back and forth = 行き来する cf. back and forth=前後に、行きつ戻りつ(日本語の「前後」とは語順が逆)／go to and from=往復する／**That is all there is = それだけのことだ**

２文目は Is this life all right for me?(こんな人生は私にとっていいんだろうか?) でもよい。

---

go well = うまくいく cf. Things went well. =うまくいった／If everything goes well=すべて順調にいけば

Life is not so easy. でも。「それが人生だ(しかたない)」は That's life.、「人生山あり谷あり」は Life is full of ups and downs.。

---

work out a plan = 計画を立てる／make arrangements for ~ = ~の段取りを決める、準備する、支度する

I have to work out a plan … は plan を動詞として I have to plan … と言ってもよい。

---

feel down(= feel low) = 気分が落ち込む cf. get/become depressed=意気消沈する

cheer oneself up で「自分自身を励ます、元気づける」。人に「元気出して!」と励ますときは Cheer up! と言う。

---

go to bed = ベッドに入る、寝る／It's no use -ing = ~しても仕方ない、無駄だ

後半は It's useless thinking about it. とも言える。「心配し過ぎる」は worry too much、「くよくよしないで!」と人を励ますなら Take it easy!。

---

make sure(= check) = 確かめる、確認する

「窓を閉める」は shut/close a window、「侵入警報装置、防犯ベル」は burglar alarm、「防犯システム」は home security system、「警備会社」は security company/firm。

chapter ⓾ At Night

31 目覚まし時計を7時にセットしておこう。
I'll set the alarm clock for seven [o'clock].

32 今日はバタンキューだ。
Tonight I'll fall asleep as soon as my head hits the pillow.

33 ふとんを干したらお日様のにおいがしてふかふかだ。
I aired out my *futon*, so it's puffed up again and smells like fresh sunshine.

34 寒いからもう1枚毛布足そうかな。
It's chilly, so maybe I should put on another blanket.

35 嫌な夢見ちゃった。寝汗がすごい。
I had a bad dream. I sweat a lot in my sleep.

36 この子たち、本当に寝付きがいいなあ。
The kids got to sleep so easily.

set the alarm clock for ~ [o'clock] = 目覚まし時計を〜時にセットする

「目覚まし時計を少しずつ時間をずらしてセットする」は set alarm clocks at slightly different times、「目覚ましが鳴る」は alarm clock goes off、「目覚ましで目を覚ます」は wake up to an alarm clock。

---

fall asleep = 眠りに落ちる／pillow = 枕

直訳は「頭が枕に落ちた瞬間に眠っているだろう」。「熟睡する」は sleep soundly、また sleep like a log/top という表現もある。寝る前には Sleep tight!「ぐっすり眠ってね！」と声を掛ける。

---

air out futon = ふとんを干す cf. hang futon [up] outside=外にふとんを干す／**puff up = 〜をふくらませる／smell like ~ = 〜のようなにおいがする／fresh = 新鮮な、さわやかな**

前半は I hung my futon outside, so ...（外に布団を干したので…）とも言える。

---

chilly = 肌寒い、冷える cf. cold=寒い／**put on ~ = 〜を掛ける／blanket = 毛布** cf. electric[al] blanket =電気毛布/comforter=掛けぶとん/summer quilt=夏掛けふとん/duvet =羽根ぶとん

---

bad dream(= nightmare) = 悪い夢／sweat a lot = 汗をたくさんかく／in my sleep = 寝ている間に cf. I talked in my sleep.=寝言を言った

2文目は I had night sweats.「寝汗をかく」でもよい。

---

get to sleep = 寝付く、眠りにつく cf. can't get to sleep = 寝付けない

The kids fell asleep really quickly. でもよい。「早寝早起き」は決まり文句で early to bed and early to rise、「朝型人間」は morning person。

chapter ❿ At Night

37 あと1日会社へ行けば週末だ!
One more day at the office, then it's the weekend!

---

38 明日から連休だぁ〜! ブラボー!
The long weekend starts tomorrow! Hurray!

---

39 明日も頑張ろう!
I'll do my best tomorrow, too!

one more day = あと1日／at the office = 職場で、会社で

前半は One more day to go, ...「あと1日たてば…」とも言える。金曜は週末直前なので「やれやれ、やっと金曜日だ！」Thank God it's Friday!（略して TGIF）と安堵感を表す表現がある。

---

long weekend = 長い週末（特に月曜日が祝日の場合）cf. three-day weekend =［週末の］3連休/holidays in a row=連休／<u>Hurray/Hurrah!</u> = ばんざい！、うれしい！

The holidays start tomorrow! でもよい。 なお Bravo! は本来［うまくいったことに対する］喝采、称賛の掛け声なのでここでは不適切。

---

do one's best = 最善を尽くす、頑張る

I'll work hard tomorrow, too! でもよい。「頑張れ！」は Hang on!（ふんばれ）、Go for it!（目標に向かって進め）、Keep it up!（その調子で）、Give it your best!（全力でいけ）などいろいろな言い方がある。

Skit 🌙 夜編

連休前夜、つかの間の休息

Woman：**Are the kids asleep①?**

Man： **Yes. I was going to** read a bedtime story to them **but** they fell asleep really quickly.

W： **Great! Now we can relax②. How about③ a bath?** It's so refreshing to take a leisurely bath.

M： **We've both been working too hard. I'll heat up the bath water.**

W： **Use a good bath powder as a reward. I'm going to shampoo my hair and** shave my legs.

M： **I want to** take off my tie **and** hang up my jacket **first. Business suits are so uncomfortable.**

W： **Well,** one more day at the office, then it's the weekend.

M： **That's right!** The long weekend starts tomorrow! Hurray!

W： **Don't get too excited. We have to take Jason to soccer practice④ and take Bailey to her karate class, buy shoes for Jason, get a birthday present for Bailey, and make sure⑤ both kids have all the school supplies⑥ they need.**

M： **Man,** life with kids isn't easy.

W： **Maybe we could trade them in for⑦ a pet dog!**

女性：子どもたち、寝てる?
男性：うん。本を読んで寝かし付けようと思ったんだけど、すごく寝付きが良くて。
女：やった！ これでのんびりできるわ。お風呂入る？ ゆっくり入ると生き返るわよ。
男：僕ら二人とも仕事がきつかったからね。風呂は僕がわかすよ。
女：いい入浴剤使ってね、自分たちへのご褒美よ。私は髪を洗って、足のむだ毛を剃ろう。
男：僕はネクタイを外して背広をハンガーにかけたいよ。背広は肩が凝って。
女：でも、あと一日会社に出たら週末よ！
男：そのとおり！ 明日から連休だ！ ブラボー！
女：そんなに興奮しないで。私たち、ジェイソンをサッカーの練習に、ベイリーを空手教室に連れて行くでしょ、それにジェイソンには靴を、ベイリーには誕生日プレゼントを買ってあげなきゃいけないし、あの子たちに必要な学用品も全部きちんとそろえなきゃ。
男：やれやれ、子どものいる人生って楽じゃないね。
女：ペットの犬と交換した方がいいかもね！

【語注】

❶asleep: 眠って
❷relax: くつろぐ、リラックスする
❸How about ~?: ~はいかがですか？
❹soccer practice: サッカーの練習
❺make sure ~: ~であることを確認する
❻school supplies: 学用品 (suppliesは「必需品」)
❼trade A in for B: AをBと交換できるよう取引に出す

Quick Check

本章に出てきたフレーズを復習しましょう。以下の日本語の意味になるよう英文を完成させてください。答えはページの下にあります。

❶明日の晩ごはんの下ごしらえをしておく。 ➡P253
I ( ) ( ) ( ) for tomorrow's dinner.

❷念入りにボディーケアをする。 ➡P255
I ( ) ( ) ( ) ( ) my body.

❸夜ふかしする。 ➡P256
I ( ) ( ) ( ).

❹ふとんに入る。 ➡P256
I ( ) ( ) ( ).

❺味気ないけど、とりあえず今晩はこれをレンジでチンして済ませよう。 ➡P260
It's not very ( ), but I'll just ( ) this for my dinner.

❻きょうはお風呂めんどくさいな、明日の朝にしようか。 ➡P264
I don't ( ) ( ) ( ) ( ) ( ) tonight. Maybe I'll ( ) ( ) in the morning.

❼風呂上がりの一杯はおいしいなあ。 ➡P264
( ) ( ) ( ) ( ) a beer after a bath.

❽明日の段取りを今のうちに考えておかないと。 ➡P266
I have to ( ) ( ) a plan and ( ) ( ) for tomorrow.

❾今日はバタンキューだ。 ➡P268
Tonight ( ) ( ) ( ) as soon as my head ( ) ( ) ( ).

❿明日も頑張ろう！ ➡P270
I'll ( ) ( ) ( ) tomorrow, too!

---

❶prepare/in/advance ❷take/good/care/of ❸stay/up/late ❹get/into/bed ❺appetizing/microwave ❻feel/like/taking/a/bath/take/one ❼Nothing/tastes/better/than ❽work/out/make/arrangements ❾I'll/fall/asleep/hits/the/pillow ❿do/my/best

[完全改訂版]
起きてから寝るまで英語表現 700

2009年6月12日　初版発行
2010年3月12日　第6刷発行

監修　吉田研作
執筆・解説　荒井貴和／武藤克彦

監修　吉田研作
上智大学外国語学部英語学科教授。専門は応用言語学。文部科学省中央教育審議会外国語専門部会委員。J-SHINE理事・認定委員長。「起きてから寝るまで」シリーズ発刊当初より監修を務める。著書に『どうなる小学校英語──「必修化」のゆくえ』（共著、アルク）など多数。

執筆・解説(体の動き/つぶやき表現)

荒井貴和(あらいきわ) Chap1,3,6,9,10
上智大学非常勤講師、元東洋学園大学助教授。専門は英語教育・応用言語学。著書に『TOEFLグラマー』(荒竹出版)『新装版　起きてから寝るまで英会話まるごと練習帳』『起きてから寝るまで英単語帳』(両書とも共著、アルク)『はじめての起きてから寝るまで英語表現　女性編』(アルク)『あたらしい英語科教育法』(共著、学文社)など。

武藤克彦(むとうかつひこ) Chap 2,4,5,7,8
上智大学大学院修了(言語学)。大学・高校・企業等での英語教育指導を経て、現在は獨協大学外国語教育研究所講師。著書に『起きてから寝るまで英単語帳』(共著、アルク)『はじめての起きてから寝るまで英語表現　男性編』(アルク)『新TOEICテスト書き込みドリル』(桐原書店)『よくわかる総合英語』(共著、学研)など。

英文校正：Peter Branscombe、Owen Schaefer、Joel Weinberg
Skit作成：Eda Sterner

AD：遠藤 紅（アレフ・ゼロ）
デザイン：中村友紀子（アレフ・ゼロ）
表紙イラスト：おおの麻里
本文イラスト：飯山和哉・石坂しづか（単語編）

CDナレーション：Greg Dale、Julia Yermakov、Carolyn Miller、Howard Colefield、Kim Forsythe、Gary Scott Fine、島ゆうこ、花輪英司
録音・編集：中録サービス株式会社
CD制作：ソニー・ミュージック コミュニケーションズ

DTP：朝日メディアインターナショナル株式会社
印刷・製本：凸版印刷株式会社

発行人：平本照麿
発行所：株式会社アルク
〒168-8611　東京都杉並区永福2-54-12
TEL：03-3327-1101（カスタマーサービス部）
TEL：03-3323-2444（英語出版編集部）
アルクの出版情報：
http://www.alc.co.jp/publication/
編集部e-mailアドレス：　shuppan@alc.co.jp

乱丁本、落丁本が発生した場合は、弊社にてお取り替えいたしております。弊社カスタマーサービス部（電話：03-3327-1101 受付時間：平日9時〜17時）までご相談ください。　定価はカバーに表示しております。

ⒸKensaku Yoshida, Kiwa Arai, Katsuhiko Muto, ALC Press, Inc. 2009
Printed in Japan　ISBN978-4-7574-1596-6　PC: 7009044

アルクのキャラクターです
WOWI（ウォーウィ）
WOWIは、WORLDWIDEから生まれたアルクのシンボルキャラクターです。遠かなふれあいを求める人間の心を象徴する、青い心、地球人のシンボルです。

http://alcom.alc.co.jp/
学んで教える人材育成コミュニティ・サイト

ひとりでできるスピーキング練習

アルク
www.alc.co.jp

「起き寝る」シリーズ

起きてから寝るまでの
日常のひとコマを「英語でつぶやく」ことで、
実生活で本当に役に立つ英語表現を
マスターする「起き寝る」シリーズ。
あなたも「つぶやき」学習法、始めてみませんか？

待望の「起き寝る」入門、女性編

はじめての起きてから寝るまで英語表現
女性編 私の7日間ストーリー
本＋CD 1枚　1,470円（税込）

待望の「起き寝る」入門、男性編

はじめての起きてから寝るまで英語表現
男性編 僕の7日間ストーリー
本＋CD 1枚　1,470円（税込）

行動、状況、気持ち…。英語で言いたい表現を2,200超収録！

起きてから寝るまで
英語表現ミニ辞典
本＋CD 2枚　1,974円（税込）

「つぶやき」学習なら育児中でもできる！子育て表現を豊富に収録

新装版 起きてから寝るまで
英語子育て表現550
本＋CD 1枚　1,554円（税込）

英語の「つぶやき」練習で海外旅行はもっと楽しくなる！

新装版 起きてから寝るまで
英語表現550 海外旅行編
本＋CD 1枚　1,554円（税込）

ワンセットの会話のくりかえし練習で英会話力をぐんぐんアップ！

新装版 起きてから寝るまで
英会話まるごと練習帳
本＋CD 2枚　1,974円（税込）

お近くの書店、または下記の方法でお求めください

お電話 アルク・お申し込み専用フリーダイヤル
0120-120-800 （24時間受付）
※携帯・PHSからもご利用いただけます。

インターネット アルク・オンラインショップ
http://shop.alc.co.jp
アルクの通信講座全ラインアップや講座の詳細もご覧になれます。

※1回のご注文金額が3,150円（税込）未満の場合は、発送手数料150円を申し受けます。
※お知らせいただく個人情報は、教材の発送、お支払い確認等の連絡および小社からの商品・サービス情報をお送りするために利用し、その目的以外での使用はいたしません。

〒168-8611 東京都杉並区永福2-54-12　**株式会社アルク**

気持ちを伝えたいのに英語が出てこない！

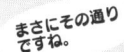

「持ち歩ける英会話スクール」
coedas 英会話 コエダス

お久しぶりですね。
どういたしまして。
まさにその通りですね。
交換してもらえますか。
これを試着してもいいですか。

声出す（コエダス）で、英語が話せる

Long time no see.
My pleasure.
You said it.
Can I have some replacements?
Can I try this on?

受講開始レベル	TOEIC®テスト350点、英検3級〜
学習時間の目安	1日40分×週4日
標準学習期間	4カ月

「英語を聞き取れるのに話せない」—そんな悩みを今すぐ解消します！　日本人が英語を話せない理由のひとつは、英語を声に出す（＝コエダス）練習量の圧倒的な不足であるとアルクは考えます。日本人が英語を使う場面で頻繁に必要とされるフレーズ・表現を習得する通信講座「英会話コエダス」なら、英語が必要な場面で、自信を持って話すことができるようになります。

さまざまなコエダス練習で、今度こそ話せるようになる！

音読
実際に話しているつもりで声に出して読む
棒読みではなく、実際に話しているつもりで読みすすめるのがコツ。まず、英文と訳に目を通して内容を把握し、CDを聞いてリズムをつかむ。実際に声に出して読み、うまくいかなかった部分はCDで発音やリズムを再確認し、集中的に練習しよう。

リピート
CDの英文を聞こえたとおりに繰り返す
CDの音声を聞いた後、できるだけ正確にまねる。最初は英文を見てもかまわないが、慣れてきたら英文を見ずに音だけを頼りに繰り返す。英語のリズム、イントネーション、間の取り方など、英語らしい感覚を磨こう。

ロールプレイ
登場人物になりきって会話をすすめる
テキストを見ながら、指示された人物のパートを演じる。相手の発言にタイミングよく応じながら、登場人物になりきって会話をすすめていく。会話を疑似体験し、実践力を養おう。

テキストをのぞいてみよう！
海外でショッピング！

まず始めに、よく使う表現をインプット。
アウトプットを繰り返し、自分のものにすれば、
次の海外旅行ではショッピングも自由自在！

1日目 インプット
「丸覚え表現」と「置き換え表現」を頭で覚える

2日目 アウトプット
1日目に覚えた表現を「コエダス」して体で覚える

1ユニットは2日で構成。4つのフレーズを覚え、声に出して体に染み込ませる。週4日で2ユニット8フレーズ、4カ月で128のフレーズを完全マスター！

英会話は日本人が遭遇する可能性が高い場面から覚えるのが効果的。英語学習者1000人のアンケートから、日本人にとって英語が必要な場面をセレクト。集中学習で最大効果を上げる！

Vol.2 Unit11「やっぱりショッピング！」より一部をご紹介

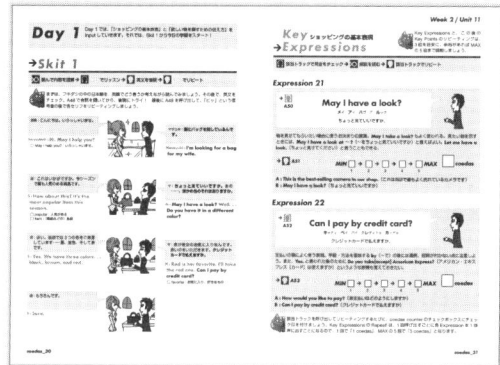

Key Expressions 丸覚え表現

すぐに使える丸覚え表現64をマスター。ネイティブ・スピーカーがよく使う表現を、繰り返し声に出して、頭にインプット。

――― たとえばこんな表現 ―――
May I have a look?	ちょっと見ていいですか。
Can I pay by credit card?	クレジットカードで払えますか。

Key Points 置き換え表現

「○○を探しています。」「ほかの○○はありますか。」など、○○を入れ替えてさまざまなことを伝える「置き換え表現」をマスター。

――― たとえばこんな表現 ―――
I'm looking for a bag for my wife.	私は妻にバッグを探しているんです。
Do you have it in a different color?	ほかの色のそれはありますか。

curriculum 4カ月で128のkey表現をマスター

❶ 出会いを楽しもう！カ月目
1 ●道案内できますか？
2 ●えっ！何飲ってるの？
3 ●友達の友達はみな友達だ！
4 ●パーティーで自己紹介
5 ●褒め上手は会話上手
6 ●おいしいものが食べたい！
7 ●豆腐料理はいかが？
8 ●お久しぶりですね

❷ いざ海外旅行へ！カ月目
9 ●どのツアーがお勧めですか？
10 ●エアコンが壊れてる！？
11 ●やっぱりショッピング！
12 ●違うサイズがいいんだけど
13 ●ニューヨークを歩こう！
14 ●どの料理にしようかな
15 ●体の具合が悪いんです
16 ●カフェでおしゃべり

❸ 外国人の友を観光案内！カ月目
17 ●空港でお出迎え
18 ●ツアーガイドを体験！
19 ●困ってるから助けてあげたい！
20 ●日本食、説明できる？
21 ●まいった渋滞！間に合わない！
22 ●おごる？割り勘？どうしよう
23 ●お土産探しもお手伝い
24 ●また会う日まで

❹ 仕事でコエダス！カ月目
25 ●おうわさは伺っております
26 ●コンピューターの調子が…
27 ●お見積もりをお願いします
28 ●しっかりクレーム
29 ●電話で応対できますか？
30 ●ご伝言を承りますが
31 ●その日は都合が悪いんです
32 ●くよくよしないで前向きに！

楽しくコエダス、基礎力をつける！お申込みは今すぐ

教材	コースガイド1冊／テキスト4冊／CD8枚／マンスリーテスト4回／別冊フレーズ集「KEY128」（CD付き）1冊／特製CDケース ※修了時、修了証発行
標準学習期間	4カ月

受講料	29,589円（税込）
お支払方法	コンビニ・郵便局払込（一括払い、手数料無料） 代金引換（一括払い、手数料420円） クレジットカード（一括払い・分割払い）

お申し込み受付後、3営業日以内に発送センターより教材を一括で出荷いたします。

お申し込みは下記フリーダイヤルまたはインターネットで

電話 通話料無料のフリーダイヤル
0120-120-800 (24時間受付)

インターネット アルク・オンラインショップ
http://shop.alc.co.jp
インターネットでは講座の詳細をご確認いただけるうえ、お申し込みもできます。

※ご提供いただく個人情報は、資料の発送および小社からの商品情報をお送りするために利用し、その目的以外での使用はいたしません。

アルク・オンラインショップを ぜひご利用ください！

欲しい書籍があるけど、書店に行く時間がなかなか取れない、いろいろな通信講座を比較検討したい……。それなら、24時間いつでもOKのアルク・オンラインショップが断然便利です。アルクの出版物や教材の最新情報も満載。あなたの知的好奇心を刺激すること間違いなしです。ぜひご利用ください。

アルク
www.alc.co.jp

コンテンツの一部をご紹介！

欲しい書籍、受けたい講座がラクラク探せる「詳細検索」

「英語の勉強を始めたい」「TOEICのスコアアップを目指したい」…。
思い立ったらすぐに「詳細検索」へ！
商品名からはもちろん、レベルやカテゴリー別にも検索できるので、
求めるものが瞬時に見つかります。

❶ まずはトップページ画面上部の検索バーにある「詳細検索」をクリック。

❷ 例えば、TOEIC対策の書籍を探したいときには、「商品形態」のタブで「本・雑誌」を選択、「スキル・カテゴリ」のタブから「TOEIC対策」を選択し、「検索する」をクリック！

❸ 検索結果が表示され、ひとつひとつ詳細をチェックすることができます。このほかにも検索の方法はさまざまです。あなたにピッタリの書籍や通信講座をぜひ検索してみてください！

今すぐアクセス
アルク・オンラインショップ **http://shop.alc.co.jp**

※画面は変更になる場合があります。

〒168-8611東京都杉並区永福2-54-12 株式会社アルク